お店のような味が出せる

失敗なしの
とびきりおいしいお菓子

masayoshi ishikawa パティシエ
石川マサヨシ

KADOKAWA

はじめに

お菓子ってお料理と違い、必ずしも生活に必要なものではないですが、
誰かを大切に想う気持ちや愛を伝えるツールとしては、
たいへん優れたものだと思います。
手作りとなると、それはよりパワーアップします。

僕のパティシエとしての仕事は、ホテルニューオータニから始まりました。
その後、街のケーキ屋さん、チーズケーキ専門店、製菓学校での講師等、
さまざまな業態で働き、理論と技術を身につけてきました。

そんな中、2017年に冠攣縮性狭心症という、
今の医学では完治しない狭心症を発症しました。
当時はマカロン専門店のシェフパティシエとして働いていましたが、
現場で心臓を握りつぶされるような痛みに襲われたり、
救急車で病院に運ばれたりもしました。 休職を余儀なくされ、
半年間は寝たきり。リハビリも含め、1年間は療養しました。

翌年、仕事を再開する際も、現場に戻れる身体ではなく、
フリーランスのパティシエという道を選びました。
プロへの技術指導やアドバイスをしたり、
製菓学校講師の経験を活かしてYouTubeで動画を配信したり。
もともと目立ちたがりではないので、それまでのキャリアでは
なるべく表に出ずに過ごしてきましたが、これを機に自身で発信を始めました。
2020年に世界が変わってしまう前に僕の世界が変わったことは、
偶然とはいえ運がよかったのかも知れません。

それまではプロの厨房に立っていた僕ですが、YouTubeの活動から、
ご家庭で作りやすいレシピを考えることも得意になりました。
いつも大切にしているのは、"わかりやすさ"と"作りやすさ"です。
この本では、材料や配合はできるだけシンプルにしながら、
でき上がりをお店レベルにするための、細かなコツをお伝えしています。

お菓子作りで一番大事なことは、"相手を想う気持ち"だと思っています。
作り手の想いが詰まったお菓子には、
たとえパティシエの作ったキレイなお菓子でもかないません。
上手に作れたときのうれしさや、大切な人に食べてもらう幸せ。
この本のお菓子を通して、あなたと大切な人との関係がよりよくなってくれたなら。
そんな、小さな世界平和をたくさん作るのが、パティシエとしての僕のよろこびです。

石川マサヨシ

Sommaire 目次

Premier
Chapitre

第1章

作ってみたい話題のスイーツ

Deuxième
Chapitre

第2章

パティシエのスペシャリテ

Staff

デザイン　三上祥子（Vaa）

撮影　ローラン麻奈

スタイリング　佐々木カナコ

製菓アシスタント　藤嶋さくら、好美絵美

撮影協力（いちご）　ロック・ベリー・ファーム

rockberry.jp

撮影協力（スタイリング小物）　UTUWA

校正　麦秋アートセンター

取材・文　河合知子

編集　原田裕子（KADOKAWA）

この本の決まり

・レシピ中の「バターを常温に戻す」「常温で冷ます」などの常温は、20〜25℃くらいの室内の温度です。

・オーブンの温度と焼き時間は、電気オーブンを使った場合の目安です。お使いのオーブンの機種によって差があるため、レシピを参考に調整してください。

・電子レンジの加熱時間は600Wを基準にしています。500Wなら1.2倍、700Wなら0.9倍の加熱時間になります。お使いの電子レンジの機種によって調整してください。

・加熱機器はガスコンロを基準にしています。IH調理器などの場合は調理機器の表示を参考にしてください。

この本で使う主な材料

材料は、身近で手に入りやすいものを使ってください。
すこし特殊な材料を使う場合は、各レシピページ内で解説しています。

● バター

食塩不使用のものを使います。レシピによっては乳酸発酵の香りが豊かな発酵バターを使用しますが、手に入らない場合は通常のバターで代用できます。

● 砂糖

主にグラニュー糖（左）と粉糖（右）を使います。お菓子に甘みを付けるほか、生地の気泡を支えたり、香ばしい色を付けたり、しっとり感を保持する役割も担います。粉糖はグラニュー糖を粉砕したもの。溶け残りが少ないので、クッキー生地など水分の少ない生地に混ぜ込むのに便利です。

● 生クリーム

乳脂肪分35％と47％を主に使います。仕上げ用に泡立てる場合は47％、ムースなどに使う場合は35％を使用します。乳脂肪分がぴったり同じではなくてもかまいませんが、なるべく近いものを使うようにしてください。

● 小麦粉

薄力粉（左）と強力粉（右）をレシピによって使い分けたり、混ぜたりして使います。薄力粉と強力粉の違いは主に粒子の細かさとタンパク質含有量にあり、風味や食感が変わります。本書では薄力粉は「フラワー」、強力粉は「カメリヤ」を使用。

● 卵

なるべく新鮮なものを使います。卵の大きさには個体差があるため、レシピ内に個数の目安とグラム表記を併記しています。グラム数をきちんと量って使用してください。

● ベーキングパウダー

お菓子の生地をふくらませ、空気を含んだ軽い仕上がりにする粉末。炭酸水素ナトリウム（重曹）に酸やコーンスターチを混ぜ、重曹の独特の苦味や塩味を抑えています。

● アーモンドパウダー

アーモンドの薄皮をむき、粉末状にしたもの。油脂分が多く、ケーキやクッキーの風味をよくし、しっとり感を高めます。酸化すると風味が落ちやすいため、密封して冷凍保存し、早めに使い切ります。

● 粉ゼラチン

ムースやゼリーを固める凝固剤。動物性タンパク質のコラーゲンを粉末状にしたものです。水にふり入れて混ぜ、ふやかしてから使います。

● 米油

米ぬかを原料にした植物油。味と香りにクセがなく、素材の風味をじゃましません。バターと違って低温でも固まらないので、生地に軽さを出したいときに加えます。

● コーンスターチ

とうもろこしから作るでんぷんのパウダー。カスタードクリームになめらかさを与えるのに使います。焼き菓子に入れると、生地に軽やかさが出ます。

● チョコレート

主にダーク、ミルク、ホワイト、ブロンドを使い分けます。ダークチョコレートは、参考までにカカオ分の割合を％で記しています。製菓用または市販の高カカオチョコレートでカカオ分が近いものを使ってください。カカオの油脂分のみを抽出したカカオバターを使うこともあります。

● 洋酒

スポンジ生地やパウンドケーキのシロップ、バタークリームの風味付けに使います。ブランデー（左）、ラム酒（中）、キルシュ（右）のほか、ウイスキーを使うこともあります。

● 塩

クッキーなどにわずかに加えることで、甘みや香ばしさを引き立たせます。小麦粉の入った生地を引き締め、弾力を強める働きもあります。精製塩は塩気が強いので、なるべく自然塩を使ってください。本書では、ミネラル豊富でうまみのあるフランス産の「ゲランドの塩」を使用。

● バニラ

カスタードクリームなどに甘い香りを付けるスパイスです。黒いさやの中に、小さな黒い種子が入っています。液体に入れて加熱しながら香りを出す場合はさやごと使えるバニラビーンズを、生地に直接入れる場合はペースト状になったバニラペーストを使用します。

● クリームチーズ

チーズケーキの材料としてはもちろん、パウンドケーキにも使用します。クリームチーズには製造方法の違いでナチュラルチーズとプロセスチーズの2種類があります。お菓子作りには、風味の優れたナチュラルチーズがおすすめです。

お菓子作りの基本の道具

お菓子作りには、料理とは異なる道具も使います。
最低限必要なものをご紹介します。

a 絞り袋と口金

絞り袋は袋状になっている使い切りタイプを使用します。口金のサイズに合わせて袋の先をカット。生地によっては口金を使わず、袋から直接絞り出します。

b 泡立て器　大・小

生地を混ぜ合わせたり、泡立てたりするのに使います。ワイヤーの長さがボウルの直径と同程度のものが使いやすく、20㎝と12㎝を使い分けています。

c ハンドミキサー

生クリームや卵白など、しっかりキメ細かく泡立てたいときには、パワーのあるハンドミキサーを使います。スピードの調節が5段階程度できるとよいです。

d ゴムべら　大・小

気泡をつぶさないように混ぜたり、生地を残さず集めたりと、お菓子作りの必需品です。持ち手とへらが一体になっているものが洗いやすく、衛生的です。

e スケール

本書では、レシピのほとんどがグラム表記です。ボウルをのせてから目盛りをゼロ表示にできるデジタルスケール（2kg計）があると、手間なく計量ができます。

f カード

バターと小麦粉を切るように混ぜたり、ボウルの中の生地を残さず集めて絞り袋に入れるのに活躍します。薄めでしなりのあるタイプが使いやすいです。

g こし器

卵やゼラチンが入った生地をこすことでかたまりを取り除き、よりなめらかな食感にします。粉ふるいよりも網目の細かいものがおすすめです。

h ボウル

生地を混ぜたり、生クリームを泡立てたりするのに使います。直径15〜21㎝程度のものが2〜3点あると便利です。

i 粉ふるい

小麦粉、アーモンドパウダー、粉糖などはダマになりやすいので必ずふるって使用します。ボウルのふちにかけられるタイプが扱いやすいです。

j 天板

オーブンに付属している天板は中央が盛り上がっていることが多いです。底面が平らなロールケーキ用の天板（25×25×高さ2㎝）があると、真っ直ぐに焼き上がります。

k 網

ケーキクーラーとも呼びます。焼き菓子やスポンジ生地が焼けたら、底面が湿気らないように網において冷まします。

l 温度計

チョコレートやキャラメルなどは温度を測りながら作る方が、失敗しづらいです。料理用のデジタル温度計が使いやすいです。

m バット

カスタードクリームや生チョコを平たく流し入れて冷やしたり、仕上げの粉糖をまぶすのに使います。20×15㎝程度のものが便利です。

n 麺棒

クッキー生地や練りパイ生地を伸ばすのに使います。写真のように長いものでなくても、手になじみやすい短いタイプでかまいません。

o パレットナイフ

ケーキ作りの仕上げに表面をならすのに使用します。カットしたケーキを皿に移す際にも、あると便利です。

失敗しないお菓子作りのために

本書のテーマである「失敗しない」お菓子作りのために必要なポイントをまとめました。
各レシピ内でもお伝えしていますが、ぜひ目を通してから作り始めてください。

● 計量は正確に

お菓子作りのスタートは計量から。
材料をそろえて、レシピの分量どお
りに計量します。液体も、大さじや
計量カップでは誤差が生じるので、
スケールを使いグラム単位で用意し
ます。

● 粉類はあらかじめふるう

薄力粉や粉糖など、ダマになりやす
い粉類はふるっておきます。種類の
違う粉を一度に加えるレシピでは、
使う前に合わせてボウルにふるい入
れ、泡立て器で混ぜます。粉類を先
に混ぜることで、生地の中にまんべ
んなく入ります。

● 生クリームの固さを変える

生クリームは泡立てることで液状か
らクリーム状へと変化します。分離
しないように、必ず氷水をあてて冷
やしながら作業してください。この
本では、とろりと流れる6分立て、
分離寸前の10分立てなど、作るお
菓子によって泡立て加減を変えてい
ます。レシピ内の写真を見て、同様
の固さにすると失敗なく作ることが
できます。

● オーブンの予熱を忘れずに

焼く前にオーブンがしっかり温まっていないと、レシピよりも低い温度で焼くことになり、ふくらみ不足や生地のダレの原因になります。レシピ内にオーブンの予熱をスタートするタイミングを記しています。これを目安に、お使いのオーブンに合った時間で予熱をしてください。

● バターの状態と温度

バターは温度によって固形、クリーム状、液状に変化します。バターを冷凍室で冷やして使う練りパイ生地から、やわらかく練るクッキー生地、完全に焦がしてから加えるフィナンシェまで、作るお菓子によってバターの状態を変えます。一度溶けてしまったバターは、冷やしても元の状態に戻りません。レシピと写真を参考に、ベストな状態にして使ってください。

● ゴムべらを使いこなす

生地に粉類を加えてゴムべらで混ぜるときに、ぐるぐる回してもきれいに混ざりません。スポンジ生地など気泡のあるものに粉類を混ぜるときは、以下の動きをします（左利きの場合は左右が逆になります）。
①ゴムべらを寝かせてボウルの右上から入れる
②底からすくい上げながら左下まで動かす
③ゴムべらを返して生地をボウル内に落とす
④反対側の手でボウルを60度くらい手前に回す
手の動きは一定にしてこれを繰り返し、ボウルを動かすことでまんべんなく混ぜ込みます。練習して、ぜひマスターしてください。

● 絞り袋の使い方

ケーキの仕上げの飾り絞り以外にも、型に生地を効率よく入れるのにも絞り袋を使います。基本の使い方を覚えておくとスムーズです。
①口金をセットしたら、袋の先をねじる。口金の中に入れ込んで栓をしてから生地を入れる。こうすると生地があふれ出ない。
②袋の入口側を親指と人差し指の付け根ではさみ、袋をねじって逆流を防ぐ。こまめに袋をねじって生地を口金側に集め、袋が張るようにして作業する。
手の温度が伝わると生地がゆるくなるので、あまり触らないようにすることもポイントです。

Premier
Chapitre

第 1 章

作ってみたい話題のスイーツ

食感の新しさやかわいらしい見た目が話題になっているスイーツを、
僕のフィルターを通して作ってみました。
材料を適切な状態にして、混ぜて、焼く。そしてトッピングをする。
お菓子作りの基本の流れを、この章で覚えてください。

Sablés sandwichs beurre

＞レシピは P.16

バターサンド （クランベリークリーム、塩バニラクリーム、ピスタチオクリーム）

サクサクの薄焼きクッキーの中に、甘さひかえめのバタークリームがたっぷり。
そのフォトジェニックな見た目と、濃厚な味わいがブームになっているお菓子です。
ホワイトチョコ入りのバタークリームは、作りやすくてアレンジも自在。
冷やしてクリームをちょっと固めて食べると、クッキーとの一体感を味わえます。

材料（9個分）
［クッキー］
バター（食塩不使用）… 90g
粉糖 … 58g
塩 … ひとつまみ
バニラペースト … 少々
アーモンドパウダー … 18g
卵 … 1/2個分（28g）
強力粉 … 75g
薄力粉 … 75g
［クランベリークリーム］（9個分）
バター（食塩不使用）… 80g
ホワイトチョコレート … 40g
カカオバター … 2g
粉糖 … 30g
キルシュ … 2g
クランベリーパウダー … 6g
ドライクランベリー（みじん切り）… 60g

クランベリーパウダーはクランベリーの濃厚果汁を粉末状にしたもので、クリームが鮮やかなピンクに色付く。本書では「KUKKU クランベリーパウダー」を使用。

［塩バニラクリーム］（9個分）
バター（食塩不使用）… 100g
ホワイトチョコレート … 50g
カカオバター … 3g
粉糖 … 40g
キルシュ … 5g

塩 … 2つまみ
バニラペースト … 2g
［ピスタチオクリーム］（9個分）
バター（食塩不使用）… 100g
ホワイトチョコレート … 50g
カカオバター … 3g
粉糖 … 38g
キルシュ … 5g
ピスタチオペースト … 15g
ピスタチオ（みじん切り）… 25g

ピスタチオペーストは、砂糖や油脂が添加されていない、原材料がピスタチオ100%のものを選ぶこと。高価なものほど香り高く、色も鮮やかになる。

準備
・バター、卵を常温に戻す。
・薄力粉と強力粉を合わせてふるい、泡立て器で混ぜ合わせる。
・30×30cmに切ったオーブンシートを4枚用意する。

型について
菊型

直径5.5cmの菊型を使用。なければ同サイズの丸型でもよい。

memo
- バタークリームにキルシュ（さくらんぼの蒸留酒）が入ることで、軽くすっきりとした味わいになる。アルコールが苦手な場合はりんごジュースで代用可能。
- バタークリームのフレーバーはフルーツピューレでアレンジ可能。ピスタチオクリームのレシピをベースに、ピスタチオペーストをフルーツピューレにおき換えることでさまざまな味になる。マンゴーのピューレを加えたクリームに、刻んだドライマンゴーをはさむのもおすすめ。

保存
冷蔵で2〜3日保存可能。
焼く前のクッキー生地は冷凍で2週間保存可能。冷蔵室で解凍して使う。

step 1　クッキーを作る
オーブン 160℃　焼き時間 15〜17分

1

ボウルにバターを入れ、ゴムべらで
練り混ぜてなめらかな状態にする。

2

粉糖をふるい入れる。粉糖はダマが
できやすいので、残ったかたまりは
指でつぶして加える。

3

ゴムべらでバターをすくい、ボウル
に押しつけるようにして均一に混ぜ
合わせる。なめらかな状態にする。

4

アーモンドパウダーをふるい入れる。
ゴムべらで底からすくい上げながら、
ボウルを60度くらい手前に回して
混ぜる。

5

アーモンドパウダーが見えなくなっ
たら、塩とバニラペーストを加えて
混ぜ合わせる。

6

割りほぐした卵を1/3量加え、ゴム
べらで円を描くように混ぜる。

point
3回に分けて卵を加える
卵には水分が多いため、一度に入れ
るとバターが混ざりきらずに分離し
てしまう。少量ずつ加えてバターの
中に卵液を混ぜ込んでいく。

7

残りの卵の半量を加えて、さらに混
ぜる。

8

残りの卵をすべて加える。手早く混
ぜ、ムラのない状態にする。

9

ふるっておいた薄力粉と強力粉を一
度に加える。

10

ゴムべらを使い、底からすくい上げ
ては押しつけるように混ぜる。

11

ボウルを手前に60度くらい回しながら、ふちの粉を中に入れ、全体がまとまるようにする。

point
必要以上に混ぜすぎない
小麦粉に水分が加わってから多くの回数混ぜると、グルテンが出て焼き上がりの生地が固くなる。なるべく最小限の回数で生地をまとめる。

12

生地を半量ずつに分け、それぞれをラップにのせる。15×15cmになるようにラップを折りたたむ。これを2つ作る。

13

ラップの上から手で押して、それぞれ厚さ1cm程度に伸ばす。

14

冷蔵室に2時間ほど入れて冷やす。

point
生地を作ったら、休ませる
混ぜ終えたばかりの生地はバターがやわらかくなり、小麦粉のグルテンが多少出ている状態。このままでは生地が扱いづらく、焼いたときにゆがみが出る原因となる。冷蔵室で冷やしてしっかりと固め、同時にグルテンの力を弱めることで、サクサクと軽い食感が生まれる。

15

30×30cmのオーブンシートに、休ませたクッキー生地1枚をおく。その上に同サイズのオーブンシートをかぶせる。

16

麺棒を中心におき、上下に動かして四角く伸ばす。ある程度伸びたら生地を90度回転させ、さらに伸ばす。

point
オーブンシートの上から
生地を伸ばす
オーブンシートにはさみ、その上から麺棒をかければ、打ち粉を使わずに生地を伸ばすことができる。こまめに上下を返したり、オーブンシートをはがしたりして、生地が貼りつかないように注意する。

17

約24×24cm、厚さ2mmの正方形に近い形に伸ばす。残り1枚の生地も冷蔵室から出し、同様に伸ばす。再び冷蔵室に入れ、冷やし固める。

18

オーブンを160℃に予熱する。冷やした生地を台に出し、菊型で生地1枚につき9個ずつ抜く。

19

オーブンシートを敷いた天板に並べ、冷蔵室に入れて冷やす。生地がすぐにやわらかくなるため、形が変わらないように手早く作業する。

20

160℃のオーブンで15〜17分焼く。中心まで焼き色が付いたら焼き上がり。網に出して粗熱をとる。

step 2　クリームを作る

＊写真は塩バニラクリーム

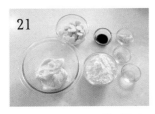
21

バターはゴムべらで練り混ぜ、なめらかな状態にする。ホワイトチョコレートとカカオバターを別々の容器に入れて湯せんにかけて溶かす。粉糖はふるう。

22

バターをボウルに入れ、粉糖を加える。ゴムべらですくっては押すようにして、しっかりと混ぜる。

23

溶かしておいたホワイトチョコレートを加え、泡立て器で混ぜる。

point
ホワイトチョコレートの温度を調節する

ホワイトチョコレートはバターに加える前に混ぜて、人肌より低いくらいの温度にする。熱いままで加えるとバターが溶けてしまうので注意。

24

カカオバターも同様に人肌以下の温度に調節してから加える。泡立て器でよく混ぜ合わせる。

25

塩、バニラペーストを順に加え、そのつど泡立て器で混ぜ合わせる。

26

最後にキルシュを加え、ムラなく混ぜる。

27

クランベリークリームを作る際は、キルシュとクランベリーパウダーをペースト状に混ぜ合わせ、24の後に加えて混ぜる。
ピスタチオクリームを作る際は、24の後にキルシュ、ピスタチオペースト、ピスタチオを加えて混ぜる。

step 3　仕上げる

28

口径8mmの丸口金を付けた絞り袋にバタークリームを入れる。クッキーの片面に絞り出していく。

29

クッキーの中心から外側に向かい、うず巻きを描くように絞り出す。ふちは5mm程度残す。クランベリークリームには、片面にドライクランベリーをのせる。

point
クリームの温度に注意

絞り袋に入れたバタークリームは、手の体温でやわらかくなりやすい。絞ったクリームがやわらかい場合は、この状態で10分ほど冷蔵室に入れ、クリームを固めてから次の作業に移る。

30

絞ったクリーム同士が内側になるようにクッキーを重ね、軽く押して密着させる。出来上がったら冷蔵室に入れて冷やし、バタークリームを固める。

Far breton

ファーブルトン

新食感スイーツとして注目され、専門店も生まれるほど話題のお菓子、ファーブルトン。
卵たっぷりのカスタードプリンみたいな風味が楽しめる、
フランス・ブルターニュ地方の伝統菓子です。人気の秘訣は、独特のもっちり感。
しっかりと焼き目を付けた表面の香ばしさに、ラム酒の香りが重なります。
トップに生クリームを絞り、華やかな印象に仕上げました。

材料（直径7cm 6個分）
ドライプルーン（種抜き）… 6個
［ファーブルトン生地］
発酵バター（食塩不使用）… 10g
牛乳 … 100g
バニラビーンズ … 1/8本
生クリーム（乳脂肪分47%）… 140g
卵 … 1個分（48g）
グラニュー糖 … 38g
塩 … ひとつまみ
薄力粉 … 48g
ラム酒 … 8g
［生クリーム］
生クリーム（乳脂肪分47%）… 200g
グラニュー糖 … 20g
［飾り用］
ピスタチオ（みじん切り）… 3粒分

準備
・薄力粉をふるう。
・湯せんの準備をする。フライパンに水を入れて沸騰
　直前まで温める。
・バニラビーンズのさやに切り込みを入れて開き、包
　丁の背でしごいて種を出す。

型について
マフィン型

直径7×高さ3.8cmのシリコン
製マフィン型を使用。ブリキや
スチール素材の型を使用する場
合は、内側にバターを塗る。

道具について
サントノーレ口金

仕上げに生クリームを絞るのに使用した
のは、三角の切り込みが入ったサントノ
ーレ口金。切り込み部分を上にして絞る
ことで、高さがあり、エッジの立ったモ
ダンな仕上がりになる。

---

memo
●バニラビーンズの代わりに、バニラペースト小さじ1/2を
　使用してもよい。

保存
冷蔵で2〜3日保存可能。生クリームを絞ったら、当
日中に食べる。

ファーブルトン

step 1 　生地を作る

バターを湯せんにかけて溶かし、50℃まで温め、使う直前まで保温しておく。

ボウルに牛乳、バニラビーンズのさやと種を入れる。湯せんで50℃に温める。

ボウルに卵を割りほぐし、湯せんにかける。混ぜながら50℃に温める。

生クリームを湯せんにかけ、50℃に温める。

3にグラニュー糖と塩を加えて泡立て器で静かに混ぜる。泡立てたり、空気を含ませたりはしない。

薄力粉を一度に加え、泡立て器でぐるぐると混ぜる。

粉気がなくなり、なめらかになるまで混ぜる。

point
薄力粉が入ったら、しっかりと混ぜる

材料すべてが混ざり合った一体感のある生地にする。この時グルテンが形成されるが、焼く前に生地を休ませて落ち着かせる。

2の温めた牛乳を加えて、なめらかになるまで混ぜる。

生クリーム、ラム酒を順に加え、そのつど混ぜる。

バターを加え、よく混ぜ合わせる。

point
熱いバターを加える

液状の生地にムラなく混ざり込むように、バターは溶かしたものを加える。このとき生地が冷たいとバターが固まってしまうので、生地、バター共に温かい状態で作業をする。

目の細かいこし器でこす。ゴムべらでバニラのさやを押しつけて、バニラの種を生地の中に入れる。

1分ほどハンドブレンダーをかけ、バターを完全に混ぜ込む。

ゴムべらで生地をすくい、バターの油脂が見えないか確認する。生地内に油脂の粒がなくなればOK。

ボウルにラップをかけ、冷蔵室に入れて24〜48時間おく。

point
生地は1日以上休ませる
休ませることでグルテンが落ち着く。作ってすぐに焼くと、型の中で縮んでしまう。

step 2　焼く
オーブン 180℃予熱→170℃
焼き時間 60〜70分

オーブンを180℃に予熱する。休ませた生地を絞り袋に流し入れ、絞り袋の口が5mm程度になるように切り落とす。

型にドライプルーンを1つずつ入れる。スケールにのせ、1個につき約60gずつ生地を絞り入れる。オーブンの温度を170℃に下げて、60〜70分焼く。焼けたら型に入れたまま、常温で冷ます。

step 3　仕上げる

ボウルに生クリームを入れ、ボウルの底を氷水にあてる。グラニュー糖を加え、ハンドミキサーで泡立てる。8分立て（持ち上げるとやわらかなツノが立ってから下を向く固さ）にする。

泡立て器に持ちかえる。固さを見ながらさらに混ぜて、10分立て（泡立て器が重く感じられ、固いツノが立つ状態）まで調整する。

point
生クリームを10分立てにする
絞りに使用するサントノーレ口金は絞り口が大きく、絞り袋に入れた生クリームがそのままの固さで出てくる。クリームの形を美しく保つために、しっかりとした固さまで立てる。

サントノーレの口金を付けた絞り袋に生クリームを入れる。ファーブルトンの底面を上にして、クリームを絞る。上にピスタチオを散らす。

Gâteau renversé aux pommes caramélisées

りんごのキャラメルケーキ

長くブームが続くキャラメル味。ほろ苦くて香ばしく、どこか懐かしさも感じられます。
このお菓子は、型の底にキャラメルソースと生のりんごを敷き込んで焼きました。
焼き上がりをひっくり返すと、りんごが上になるアップサイドダウン（逆さま）ケーキ。
りんごのしゃきしゃきとキャラメルの香り、生地のしっとり感……。
絶妙なバランスを味わってください。

材料（直径18cmのマンケ型 1台分）

りんご … 1個

［生地］

卵 … 2 1/2個分（120g）

きび砂糖 … 120g

薄力粉 … 70g

アーモンドパウダー … 50g

米油 … 120g

［キャラメルソース］

グラニュー糖 … 50g

［仕上げ用］

ナパージュ（非加熱タイプ）… 適量

ナパージュはケーキやフルーツの表面に塗るジェル状の材料。輝きを出し、乾燥を防ぐ効果をもつ。本書では、加熱や加水をしなくてもすぐに使用できる「ミロワールヌートル」を使用。

準備

・型の底の大きさに合わせてオーブンシートを切り抜く。

・型にバターなどは塗らずに底にだけオーブンシートを敷く。

・薄力粉、アーモンドパウダーは合わせてふるい、混ぜ合わせる。

・りんごの皮をむき、種を取り除き、12等分にする。

型について

マンケ型

直径18cm（底径15cm）のマンケ型（側面から見ると台形の丸型）を使用。直径15cmの丸型でもよい。

memo

●りんご以外のフルーツでも作ることができる。いちじく、洋なし、パイナップル、バナナなど。数種のフルーツをミックスしてもよい。

●りんご以外のフルーツを使う際の並べ方は、放射状でなくてもよい。型底にすき間なく入れる。

保存

冷蔵で2〜3日保存可能。

りんごの
キャラメルケーキ

step 1　キャラメルソースを
　　　　作る

キャラメルを作る。グラニュー糖を
鍋に入れ、中火にかける。高温にな
るため、軍手をして作業するとよい。

部分的に沸騰してきたら、鍋をゆら
して均一に溶かしていく。

グラニュー糖がすべて溶けて、焦げ
茶色に色付いたら火を止める。

point
キャラメルはしっかり焦がす

写真のような濃い茶色のキャラメル
を作る。ここで焦がし足りないと、
水分の多いべちゃっとした焼き上が
りになる。

準備した型に流し入れる。キャラメ
ルは余熱で色付き続けるので、すぐ
に型に入れること。

型を軽くゆすってキャラメルを広げ
る。焼いている間に底のりんごの水
分でキャラメルが広がるので、型底
全体に広げなくてもよい。使う前ま
で常温においておく。

step 2　生地を作る

ボウルに卵を割りほぐして混ぜる。
きび砂糖を入れ、ハンドミキサーの
高速で泡立てる。

point
卵が冷たい状態で泡立てる

この生地は卵を温めず、冷たい状態
から泡立てていく。きび砂糖も最初
から全量を入れて、キメが細かく、
気泡のつぶれにくい生地を作る。

途中でボウルのふちに付いたきび砂
糖をゴムべらで集め、中に入れる。

生地をすくい上げたときに、8の字が
ぎりぎり書けない程度まで泡立てる。

ハンドミキサーを低速に落として1
分ほど泡立てる。大きな気泡をなく
し、キメの細かな気泡にそろえる。

10

薄力粉、アーモンドパウダーを加える。ゴムべらで底からすくい上げながら大きく混ぜる。

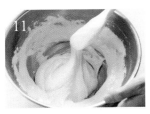

11

ボウルを手前に60度くらい回しながら、気泡をつぶさないように混ぜる。

12

粉気がなくなったら、米油を加える。

13

ゴムべらで底からすくい上げながら混ぜる。

point
米油を混ぜ残さない
米油は生地の間にマーブル状に入っていく。一定のスピードでゴムべらを動かし、油の筋が完全に見えなくなるまでしっかりと混ぜる。

step 3　焼く
オーブン 150℃　焼き時間 40〜45分

14

オーブンを150℃に予熱する。キャラメルが固まっていることを確認して、型にりんごを放射状に並べる。

point
りんごが浮かないようにする
りんごの側面が型の底面につくように並べる。りんごと型底の間にすき間があると生地が入り込み、焼き上がり時にりんごが隠れてしまう。

15

12等分したりんごは9〜10切れ使用する。残ったりんごを小さく切り、中央に入れる。

16

りんごの上に生地を流し入れる。型を台に2〜3回打ち付けて空気を抜く。150℃のオーブンで40〜45分焼く。

17

型に入れたまま常温で冷まし、冷蔵室でひと晩おく。型から出す際は、底面を湯に浸けて少し温め、型の側面にパレットナイフを通す。皿をかぶせて型をひっくり返し、オーブンシートを外す。仕上げに表面にナパージュを塗る。

Boules de neige à la farine de riz

米粉のブールドネージュ
米粉の抹茶ブールドネージュ

グルテンフリーで注目度が急上昇している米粉を使った、小麦粉・卵不使用のクッキー。
口の中でほろっと崩れる繊細な食感の中に、きび砂糖のやさしい甘さが広がります。
しゅーっと溶ける粉糖に、アーモンドの香ばしい香りが重なり、
ひとつ食べるとあとをひくおいしさ。
米粉の軽さとサクサク感を存分に味わえるお菓子です。

米粉のブールドネージュ

材料（8個分）
発酵バター（食塩不使用）… 50g
きび砂糖 … 25g
塩 … ひとつまみ
米粉 … 45g
アーモンドパウダー … 10g
［仕上げ用］
粉糖 … 20g

米粉の抹茶ブールドネージュ

材料（8個分）
発酵バター（食塩不使用）… 50g
きび砂糖 … 25g
塩 … ひとつまみ
米粉 … 45g
アーモンドパウダー … 10g
抹茶パウダー … 3g
［仕上げ用］
抹茶パウダー … 4g
粉糖 … 16g

準備
・バターを常温に戻す。
・天板にオーブンシートを敷く。

熊本県産米「ミズホチカラ」の製菓用米粉を使用。製菓用米粉は調理用に比べて粒子が細かく、キメの細かい仕上がりになる。手に入らなければ、調理用の米粉でよい。

memo
● 「米粉の抹茶ブールドネージュ」の抹茶パウダーを同量のココアパウダーに換えれば、ココア味にアレンジ可能。

保存
乾燥剤を入れて密封し、常温で5日間保存可能。

米粉の
ブールドネージュ

米粉とアーモンドパウダーを同時に
ふるい入れる。

ゴムべらで底からすくい上げながら、
ボウルを60度くらい手前に回して
混ぜる。

point
生地に気泡を入れない

バターや粉類を混ぜるときに空気を
含ませると、焼き上がりの形がそろ
わず、生地内に穴が開く原因となる。
ゴムべらで丁寧に混ぜ、気泡を入れ
ないようにする。

オーブンを130℃に予熱する。バッ
トにラップを敷いてスケールにのせ、
生地を15gずつに分割する。

生地を手のひらにのせて転がし、丸
める。

point
生地は球形にする

焼成中に生地が広がり、ドーム状に
なる。焼く前は平たくしないで、球
形に成形する。

step 1　クッキーを作る
オーブン 130℃　焼き時間 40分

ボウルにバターを入れ、ゴムべらで
練り混ぜてなめらかな状態にする。

きび砂糖と塩を加える。ゴムべらで
バターをすくい、ボウルに押しつけ
るようにして混ぜる。

粉気がなくなり、ポロポロとした状
態になったら、ゴムべらをボウルに
押しつけるようにしてまとめる。

丸めた生地を準備した天板に並べる。
焼き上がりは直径3㎝程度まで広が
るので、間隔を空ける。

130℃のオーブンで40分焼く。焼
けたら網にのせ、常温まで冷ます。

step 2 仕上げる

バットに粉糖をふるい入れる。クッキーを1個ずつ入れて粉糖をまぶす。

まんべんなく付けて、手で余分な粉糖をはらう。

point
すぐに食べるなら、通常の粉糖を
仕上げてからしばらくおくと、粉糖が溶けてしまう。2時間以上おく場合は、デコレーション用の溶けにくいタイプを使用するとよい。通常の粉糖の方が口溶けがよいので、食べるタイミングで使い分ける。

米粉の
抹茶ブールドネージュ

step 1 抹茶クッキーを作る

米粉のブールドネージュの2までと同様に作り、米粉、アーモンドパウダー、抹茶パウダーをふるい入れる。

point
抹茶パウダーは上質なものを
抹茶パウダーは、飲用のものを選ぶと風味がよくておいしい。製菓用の抹茶を使う場合は、食用色素や香料が含まれていないものがおすすめ。

底からすくい上げながら混ぜる。

ゴムべらをボウルに押しつけながら生地をまとめる。

米粉のブールドネージュの6〜7までと同様に15gずつに分割し、丸める。8〜9までと同様に焼く。

step 2 仕上げる

バットに抹茶パウダーと粉糖を合わせてふるい入れ、ムラなく混ぜる。米粉のブールドネージュの10〜11と同様に抹茶クッキーを入れてまぶす。

Pain de gênes à la crème

生パンドジェンヌ

スイーツの定番材料でありながら、そのおいしさと豊富な栄養素で脚光を浴びているアーモンド。
いまやアーモンドを使ったお菓子の専門店も登場しているほどです。
アーモンドを味わいつくすお菓子といえば、フランス伝統菓子の「パンドジェンヌ」。
トップと内側に生クリームを絞り、「生食感」をプラスして現代風に仕上げました。

材料（6個分）
バター（食塩不使用）… 23g
米油 … 15g
皮付きアーモンドパウダー … 63g
粉糖 … 93g
卵 … 2個分（110g）
水あめ … 13g
バニラペースト … 2g
薄力粉 … 15g
コーンスターチ … 15g
ベーキングパウダー … 2g
［生クリーム］
生クリーム（乳脂肪分47%）… 300g
グラニュー糖 … 30g

皮付きアーモンドパウダーは、アーモンドの皮も一緒に粉砕したもの。風味がより強くなるため、アーモンドの味をシンプルに味わう焼き菓子に最適。

準備
・卵を常温に戻す。
・型にカップケーキ用の紙を入れ、オーブンシートを敷いた天板に並べる。

・アーモンドパウダー、粉糖を合わせてふるい、混ぜ合わせる。

・薄力粉、コーンスターチ、ベーキングパウダーを合わせてふるい、混ぜ合わせる。
・湯せんの準備をする。フライパンに水を入れて沸騰直前まで温める。

型について
セルクル型

直径6.5×高さ4.5cmのセルクル型（底なしの丸型）と、底径5.5×高さ3cmの紙製カップケーキ型を組み合わせて使用。通常のカップケーキ型よりも高さが出る。

memo
●油脂分として、バターと米油の両方が入る。バターで香りと風味を付けながら、米油で生地のやわらかさと軽さを出している。

保存
焼き上がった生地は常温で2～3日保存可能。生クリームを絞ったら冷蔵室に入れて、当日中に食べる。

生パンドジェンヌ

step 1　生地を作る

バターと米油を合わせて湯せんで
50℃まで温め、使う直前まで保温
しておく。

粉糖とアーモンドパウダーのボウル
に割りほぐした卵、水あめ、バニラ
ペーストを加え、泡立て器で混ぜる。

粉気がなくなったら湯せんにかける。
全体を混ぜながら40℃まで温める。

湯せんからおろし、ハンドミキサー
の高速で泡立てる。

生地をすくったときに、8の字がす
ぐ消えるくらいまで泡立てる。

point
とろりと流れる程度まで泡立てる

油脂分の多いアーモンドパウダーを
含むため、泡立ててもボリューム感
はあまり出ないが、生地にはしっか
りと空気が含まれている。

薄力粉、コーンスターチ、ベーキン
グパウダーを一度に加える。

ゴムべらで底からすくい上げながら
大きく混ぜる。ボウルを手前に60
度くらい回しながら、粉気がなくな
るまで混ぜる。

オーブンを170℃に予熱する。温め
ておいたバターと米油のボウルに、
生地の一部を入れてなじませる。

point
バターと米油は熱くしておく

バターと米油は必ず50℃程度に温
めたものを入れる。バターの温度が
低くて生地の中で固まると、焼き上
がりに空洞ができる原因となる。

生地に8を加え、すくい上げながら
混ぜ込む。バター、米油の混ぜ残し
がないようにする。

step 2　焼く
オーブン 170℃　焼き時間 20〜22分

生地を絞り袋に流し入れる。絞り口が2cm程度になるように切り落とす。絞り口を大きく切ることで、生地内の気泡を保ちながら型に入れられる。

準備した型を天板ごとスケールにのせ、1個につき50gずつ生地を絞り入れる。型や天板に生地が付かないように、絞り口を指で押さえながら作業する。

170℃のオーブンで20〜22分焼く。焼けたら型に入れたまま、常温で冷ます。

point
型から出すのは冷めてから

熱いうちに型を外すと、紙型よりも上にふくらんだ生地がしぼんでしまう。セルクル型で支えながら冷まし、形を維持する。

step 3　仕上げる

ボウルに生クリームを入れ、ボウルの底を氷水にあてる。グラニュー糖を加え、ハンドミキサーで泡立てる。6分立てから7分立ての中間（持ち上げるとツノが立ち、ゆっくりと下を向く固さ）にする。

型の内側にナイフを入れて一周させ、下から押し上げて型から外す。

丸口金を中央に刺し込み、深さ1cmほどの穴を開ける。口金の口径は1cm以下のものが開けやすい。

口径1.2cmの丸口金を付けた絞り袋に半量の生クリームを入れる。口金を生地の穴より奥まで押し込み、絞り入れる。

point
手に持ち、回しながら絞る

生クリームがまんべんなく入るように、手のひらにのせて回転させながら絞る。生地がややふくらみ、口金の横からクリームが出てきたら絞るのをやめる。

残りの生クリームを口径1.5cmの丸口金を付けた絞り袋に入れる。中央からクリームを絞り、上に引き上げてツノを出す。

パティシエが考える、話題のスイーツ

「流行」と「定番」

「話題のお菓子」というのは、見た目、味、材料、組み合わせなど、
どこかの要素が斬新で人を惹きつけるお菓子だと思います。
これに対して、長年のロングセラーのお菓子は、いわば「定番のお菓子」。
昔から名前を知っていて、見た目にも安心感があり、
食べたときの負担やストレスがなく、スッと食べられるようなお菓子です。

話題のお菓子や流行っているお菓子の面白いところは、
100%新しいものではない点です。
かつて流行したお菓子を思い出してみると、必ず共通している特徴があります。
"何を食べているのか、わかりやすく実感できる"。
"今まで食べたことがあり、親しみのある素材を使っている"。
例えばティラミスだったら、コーヒー、マスカルポーネ、ココアの風味。
タピオカミルクティーなら、紅茶の香り、タピオカのもちもち食感。
長く流行が続いているピスタチオの味だって、
おつまみのナッツでおなじみです。"映え"るものだって、
まったく見たことのないものでは話題になりませんよね。

すこし話題になると、普段スイーツに親しみのない方も食べるようになります。
すると、あまりに複雑な構成や凝ったフレーバーのお菓子だと
「おいしいけど何を食べているのかわからない」という状態に。
そうなるとリピートされることはなく、単なる通好みの一品になってしまいます。
むしろベースに定番があるものこそが、爆発的な人気につながっていくのです。

「わかりやすさ」と「食感のギャップ」

本書で話題のスイーツとして紹介したお菓子も、
伝統菓子や慣れ親しんだ味をベースに、よりわかりやすくアレンジしました。
「バターサンド」は、クッキーの香ばしさ×濃厚なクリームが安定のおいしさ。
「生パンドジェンヌ」では、アーモンドの風味を強調することで、
生クリームのやわらかさをより強く感じられるようにしています。
そして、食べたときのコントラストも大切な要素です。
「ファーブルトン」の表面の香ばしさと中のモチッと感のギャップは、
なんともいえない魅力だと思います。

おうちで作れば、毎日が楽しい

話題のスイーツのいいところは、ご家庭で作れるところにあります。
もともと、極端に複雑なものは多くないので、手作りが難しくはありません。
この本で紹介するにあたっては、技術が必要なプロセスはできるだけなくし、
手に入りやすいもので作れるように材料を調整しました。
わくわくするような話題のスイーツ、ぜひ手作りにチャレンジしてください。

Deuxième
Chapitre

第 2 章

パティシエのスペシャリテ

お菓子は、シンプルな作業を幾度も積み重ねて完成します。
最初のステップは混ぜて焼くだけ。次は焼いたものとクリームを合わせて、
さらにデコレーションをして……。進化を続けて、お店に並ぶようなケーキになるのです。
この章では複雑なケーキも登場しますが、ひとつひとつを丁寧に作ってみてください。

Gâteau au fromage basque

＞レシピは P.42

Gâteau au fromage soufflé

> レシピは P.44

バスクチーズケーキ

僕のスペシャリテを聞かれて
真っ先に思いつくのは、チーズケーキ。
中でもバスクチーズケーキは、
パティスリーを開く際に試作を重ねた自信作です。
しっかり焦がした表面の香ばしさに、
崩れそうなくらいにクリーミーな中身。
いくつもの味と食感を閉じ込めるように、
こんがり&レアに焼き上げます。

材料（直径15cmの丸型1台分）
クリームチーズ … 270g
グラニュー糖 … 80g
薄力粉 … 3g
卵 … 2個分（100g）
生クリーム（乳脂肪分35%）… 135g

準備
・クリームチーズ、卵、生クリームを常温に戻す。
・型の内側にバター（材料外）を塗り、30×30cmに
　切ったオーブンシートを型の底と側面に沿わせて貼
　り付ける。型の高さより2cmほど上に出し、はみ出
　た部分は切る。

型について
丸型

直径15cmの丸型を使用。

memo
● バスクチーズケーキ発祥の地は、スペイン・バスク地方で
　美食の街として知られるサンセバスチャンにあるバル。型
　にラフに敷き込んだオーブンシートやしっかり焼き込んだ
　焦げ目が特徴。

保存
冷蔵で2〜3日保存可能。

step 1　生地を作る

ボウルにクリームチーズを入れ、ゴ
ムべらを押しつけてなめらかにする。

グラニュー糖と薄力粉を合わせ、泡
立て器で混ぜ合わせる。

クリームチーズに2を加える。ゴム
べらで押しながら混ぜてなじませる。

4

なめらかになったら泡立て器に持ち
かえ、さらによく混ぜる。ふんわり
した状態にする。

5

卵を割りほぐし、1/3量を加える。
泡立て器で混ぜる。

point
卵を3回に分けて加える

クリーム状のチーズ生地と液状の卵
液は混ざりにくく、卵を一度に加え
るとダマができてしまう。少量ずつ
加え、そのつどなじませていくとよ
い。特に最初に卵を入れた際にダマ
ができやすいため、じゅうぶんに混
ぜて均一な生地にする。

6

残りの卵液を半量ずつ加え、そのつ
どよく混ぜる。

7

オーブンを220℃に予熱する。生地
に生クリームを加え、均一になるよ
うに混ぜる。

8

ボウルの側面に付いた生地をゴムベ
らで集め、生地に加えてなじませる。

step 2　焼く

オーブン 220℃　焼き時間 25〜30分

9

準備した型に生地を流し入れる。

10

220℃のオーブンで約25分焼く。
焼き上がり時間が近づいたら状態を
確認する。

point
焼き加減は、ふくらみで確認

全体に焼き色が付き、生地の中央が
ふくらんでくるまで焼く。これ以上
焼くと中心に火が通りすぎ、食感が
異なってくるので注意する。

11

型に入れたまま常温で冷ます。冷め
たら冷蔵室でひと晩冷やす。取り出
す際は、型を湯に浸けて少し温め、
上面が傷つかないように注意しなが
らひっくり返す。

スフレチーズケーキ

口の中でしゅーっと溶ける、エアリーなチーズケーキも
僕のスペシャリテのひとつ。
レシピ動画サイトで公開したところ、
世界中から大きな反響があった一品です。
ふわふわ軽い食感なのに、チーズと卵のコクを
しっかりと味わえる配合。
メレンゲの立て方や混ぜ方に多くのコツがあり、
シンプルだけど奥深いお菓子です。

材料 （直径15cmの丸型1台分）
クリームチーズ … 200g
バター（食塩不使用）… 20g
牛乳 … 50g
卵黄 … 3個分（50g）
薄力粉 … 40g
卵白 … 4個分（110g）
グラニュー糖 … 55g

準備
・卵白にグラニュー糖を入れて混ぜ溶かし、冷蔵庫で
　冷やす。

・型の底面と側面に合わせてオーブンシートを切る。
　側面は型から1cmほどはみ出す高さにする。型に
　敷き込む。

・薄力粉をふるう。

memo
● スフレチーズケーキは日本発祥のお菓子。海外では「ジャ
　パニーズスタイル・チーズケーキ」などの名称で呼ばれて
　いる。

保存
冷蔵で2〜3日保存可能。

step 1　生地を作る

1

鍋にクリームチーズ、バター、牛乳
を入れて中火にかける。泡立て器で
混ぜてなめらかにし、50℃くらい
まで温めたら火を止める。

2

卵黄と薄力粉を順に加え、そのつど
泡立て器でよく混ぜ合わせる。

3

泡立て器で混ぜながら1分ほど弱火
にかける。ほんの少し粘りが出て、
持ち上げるとゆっくりと落ちる固さ
にする。ここで生地に少し火を入れ
ることで、焼成後のふくらみが保た
れる。

Gâteau au fromage soufflé

ボウルに移し、泡立て器で混ぜてなめらかにする。乾燥を防ぐためにラップをかける。

オーブンを110℃に予熱する。準備した卵白をハンドミキサーの高速で泡立てる。冷たい卵白を高速で泡立てることで、細かい気泡のメレンゲになる。

持ち上げたときにやわらかなツノが立ち、ゆっくり倒れるくらいの固さまで立てる。

point
メレンゲは泡立てすぎない

ほどよいやわらかさとふくらみのためには、メレンゲの立て具合が最重要。一度固く立ったメレンゲは戻らないので、作業中に何度か確認し、写真の状態まで泡立てる。

4のクリームが固まっていたら泡立て器でなめらかにする。メレンゲの1/3量を加える。泡立て器で下からすくい上げ、ボウルを手前に回して混ぜ込む。

残りのメレンゲをすべて加える。泡を消さないように、泡立て器ですくいながら混ぜる。

メレンゲのかたまりがなくなったら、ゴムべらに持ちかえる。底からすくい上げながら14回ほどゆっくりと混ぜる。

point
細かな気泡の生地にする

ゴムべらで混ぜることで大きな気泡が消え、小さな気泡が残る。キメのそろった生地を作ることで、ふくらみすぎと表面の割れを防ぐ。

step 2 　焼く

オーブン 110℃ 焼き時間55分 →
オーブン 180℃ 焼き時間10分

準備した型に生地を流し入れ、ゴムべらで表面をならす。型を台に2〜3回落として大きな気泡を抜く。

耐熱容器にふきん（またはペーパータオル）を敷き、型をおく。40℃の湯を型の高さの7割まで注ぐ。110℃で55分、180℃に上げて10分焼く。湯せんのまま冷ます。余熱でも火が通っていくので、焼きすぎないこと。取り出す際は、型を湯に浸けて少し温め、上面が傷つかないように注意しながらひっくり返す。

Gâteau aux fraises

いちごのショートケーキ

YouTubeでオーソドックスないちごのショートケーキの作り方を
紹介したところ、たくさんの反響と質問をいただきました。
中でも多かったのが、仕上げの生クリーム塗りや飾り絞りが難しいという声。
そこで考えたのがこのレシピ。難しい作業は極力なくしました。
生クリームの泡立て具合に気を配って、美しいデコレーションにしてください。

材料（直径15cmの丸型1台分）
［共立てスポンジ生地］
卵 … 3個分（130g）
グラニュー糖 … 75g
水あめ … 15g
薄力粉 … 75g
バター（食塩不使用）… 10g
牛乳 … 18g
［シロップ］
水 … 15g
グラニュー糖 … 25g
ジン（好みで入れなくてもよい）… 25g
［ホワイトチョコ入り生クリーム］
ホワイトチョコレート（カカオ分34%）… 50g
生クリーム（乳脂肪分47%）… 50g＋350g
グラニュー糖 … 30g
［仕上げ用］
いちご … 15〜20粒

水あめは粘りがあり、生地に加えて泡立てることで気泡がつぶれにくくなる。砂糖に比べて保湿力が高いため、焼き上がりのしっとり感が持続する。

準備
・型の底面と側面に合わせてオーブンシートを切る。
　側面、底面の順に型に敷き込む。

・薄力粉をふるう。
・湯せんの準備をする。フライパンに水を入れて沸騰
　直前まで温める。

道具について
丸口金

デコレーションには口径1.5cmの丸口金
を使用。

memo
● ケーキを切り分けた後に、粒状のフリーズドライラズベリー（材料外）を飾ってもよい（P.48左上の写真参照）。
● 残ったスポンジ生地でラスクを作ってもおいしい。スポンジを5mm厚さの食べやすい大きさに切り、グラニュー糖をふり、霧吹きで水をかける。100℃に予熱したオーブンで2時間焼く。

保存
冷蔵室に入れて、当日中に食べる。
スポンジ生地は焼いた後に密封し、冷凍で2週間保存
可能。自然解凍して使う。

いちごのショートケーキ

step 1　生地を作る

1

ボウルに卵を割りほぐし、グラニュー糖を入れて泡立て器で混ぜる。

2

水あめを加える。ゴムべらについた水あめも、泡立て器の先に付けて残さず入れる。ムラなく混ぜる。

3

湯せんにかけながら混ぜる。

point
温めて、泡立ちをよくする
卵の表面張力が弱まり、空気を含みやすくなる。グラニュー糖と水あめも完全に溶ける。40℃くらいになったら湯せんから外す。

4

バターと牛乳を湯せんにかけて溶かし、50℃以上に保温しておく。

5

卵液をハンドミキサーの高速で泡立てる。ボリュームが出てきたらハンドミキサーを大きく回し、反対方向にボウルを回す。8の字が途切れずに書ける程度まで立てる。

6

低速に落として、さらに2分ほど立てる。持ち上げたときに「の」の字が書ける状態にする。

point
低速で混ぜてキメを整える
高速で泡立てた生地は、大小の気泡が混ざり合った状態。低速で静かに混ぜることで大きな気泡が消え、気泡の密度が高まる。

7

オーブンを170℃に予熱する。ボウルの側面についた生地をゴムべらで集めて中に入れる。薄力粉の1/3量を生地の上にまんべんなく散らす。

8

ゴムべらで底からすくい、ボウルを手前に回しながら混ぜる。気泡をつぶさないように注意する。

9

粉気がなくなったら、残りの薄力粉の半量を加える。8と同様にすくい上げながらムラなく混ぜる。

10

残りの薄力粉をすべて加える。粉が見えなくなるまで混ぜた後、さらに20回ほど混ぜる。

point
大きく、ゆっくりと混ぜる
混ぜるスピードは1秒に1回のペース。これより速いと気泡がつぶれやすく、遅いと混ざりにくい。薄力粉が全量入ってからしっかりと混ぜることで、食感のよいスポンジになる。

11

生地にツヤが出て、持ち上げるとゆっくり流れ落ちる状態にする。

12

温めておいたバターと牛乳をゴムべらを伝わせて加える。

13

底からすくい上げながら全体を混ぜる。底にたまった液体が見えなくなったら混ぜ終わり。油脂分が入ると気泡がつぶれやすいので、最小限の回数で混ぜ込む。

step 2　焼く

オーブン 170℃　焼き時間 25分

14

準備した型に生地を流し入れる。

15

ボウルに残った気泡の少ない生地も集めて型に入れる。ゴムべらを細かく動かしてまわりとなじませる。

16

型を3回ほど台に打ち付けて、大きな気泡を抜く。170℃のオーブンで25分焼く。

17

焼けたら高い位置から3回ほど型ごと落として蒸気を抜く。型から外し、オーブンシートは付いたまま常温で冷ます。ラップで包み、冷蔵室で冷やす。

step 3　仕上げの準備

18

シロップを作る。耐熱容器に水とグラニュー糖を入れ、沸騰するまで電子レンジで加熱する。粗熱がとれたらジンを加える。

19

ホワイトチョコ入り生クリームの準備をする。ボウルにホワイトチョコレートを入れ、湯せんで溶かす。グラニュー糖を加えて混ぜ合わせる。

20

生クリーム50gを加え、分離しないように中央から混ぜる。黄色くなってきたら全体を混ぜる。

21

生クリーム350gを3回に分けて加え、その都度よく混ぜる。ホワイトチョコレートの混ぜ残りがないように、側面をゴムべらではらう。ラップをして1時間以上冷蔵室で冷やす。

point
泡立てる前によく冷やす
可能であれば前日に行っておくと、作業効率がよい。

step 4 仕上げる

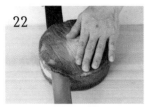

スポンジの底面を上にしてまな板におく。底面の生地を薄くそぎ切る。

底面を下におき直し、1.5cmの厚さにスライスする。ガイドになるルーラーを手前と奥におくと均一に切れる。ない場合は1.5cm高さに数カ所切り込みを入れ、スポンジを回しながら少しずつ切っていく。同様にもう1枚スライスする。

21のボウルを氷水にあて、ハンドミキサーの高速で泡立てる。7分立て（すくうと跡が少し残るくらい）にする。氷水にあてて保冷しておく。

point
生クリームの固さは3種類
生クリームの固さを使い分け、美しい仕上がりにする。トップの絞りは8分立て、側面は7分立て、中心は9分立てを使う。最初に全量を7分立てにし、その後必要量をさらに立てる。

スポンジ1枚を皿におく。仕上げ後に移動するのは難しいため、皿の上で仕上げるとよい。シロップの半量をはけで塗る。

7分立ての生クリームをパレットナイフの先にとり、生地の表面に薄く塗る。

いちごのへたを切り落とす。いちごの先端が外を向くように、スポンジのふちに並べる。

生クリームの1/4量を9分立て（しっかりと固いツノが立つくらい）にして、丸口金を付けた絞り袋に入れる。いちごの輪の中に、外側からうず巻き状に生クリームを絞る。残った生クリームは絞り袋から取り除く。

残りのいちごを放射状に並べる。生クリームに埋め込むようにする。

サイドの生クリームを絞る。7分立ての生クリームを絞り袋に入れ、側面のいちごの間に絞る。とろりと流れるような見た目にする。

中央のいちごの間を埋めるように、7分立ての生クリームを絞る。残った生クリームはボウルに戻す。

もう1枚のスポンジを上にのせる。平らなまな板などをのせてやさしく押し、底の生地と平行に整える。残りのシロップを塗る。

残りの生クリームを8分立て（やわらかなツノが立つ固さ）にし、絞り袋に入れる。奥から順に絞っていく。

point
上へ引き上げてツノを出す
絞り袋を真っ直ぐに立て、スポンジの1～2cm上から丸く絞り出す。絞り終わりは手の力を抜き、上へ引き上げるとしずく形になる。大きさに大小をつけるとバランスがよい。

いちごのスコップケーキ

ショートケーキは器に入れて作ることもできます。ゆるく口溶けのよい生クリームがたっぷり入り、
ケーキというよりデザートに近い食感。絞り袋を使わず、ラフに仕上げます。

材料（20×16×高さ5cmのグラタン皿1台分）

［共立てスポンジ生地］
　（24×24cmの角型1枚分）
卵 … 4個分（200g）
グラニュー糖 … 115g
水あめ … 25g
薄力粉 … 115g
バター（食塩不使用）… 16g
牛乳 … 28g
［シロップ］
水 … 15g
グラニュー糖 … 25g
グランマルニエ
　（好みで入れなくてもよい）
　　… 25g
［生クリーム］
生クリーム（乳脂肪分47%）… 350g
グラニュー糖 … 35g
［仕上げ用］
いちご（へたを取り縦半分に切る）
　… 15粒

作り方

1　共立てスポンジ生地をP.48〜49 1
　〜13と同様に作る。オーブンシー
　トを敷いた型に流し、180℃に予熱
　したオーブンを170℃に下げて20
　分焼く。

2　P.49 18と同様にシロップを作る。
　P.50 24と同様に生クリームを泡立
　て、6分立て（すくうとゆっくり流
　れ落ちる固さ）で止める。

3　スポンジを1cmの厚さにスライスし、
　2枚用意する。器の底面と上部のサ
　イズに合わせて切る。器の底に1枚
　を敷き、シロップの半量を塗る。

4　生クリームをゴムべらで生地に塗り
　広げる（a）。いちごを埋め込む
　ように並べ、上にも生クリームを塗
　る（b）。もう1枚のスポンジを
　のせ、残りのシロップを塗る。トッ
　プを生クリームで覆う（c）。ゴ
　ムべらの先で表面にツノを立てて仕
　上げる（d）。上から粉糖（材料
　外）をふってもよい。

Gâteau roulé aux fruits frais

巻かないロールケーキ

大きなスポンジ生地を巻くのではなく、1人分ずつ作るロールケーキ。
スポンジを小さく帯状に切って型に入れ、中心に生クリームを詰めて仕上げます。
美しい円形になり、その日に食べたい数だけ作れることも利点です。
ふわふわ食感と濃厚な生クリームをシンプルに味わってください。

材料（7個分）

［別立てスポンジ生地］(25×25×高さ2cmの天板1枚分)

卵黄 … 5個分（96g）

バニラペースト … 3g

卵白 … 3個分（96g）

上白糖 … 72g

薄力粉 … 48g

バター（食塩不使用）… 42g

［生クリーム］

生クリーム（乳脂肪分47%）… 550g

グラニュー糖 … 55g

［仕上げ用］

好みのフルーツ（いちご、いちじく、ぶどう、
　　ブルーベリーなど）… 各適量

準備

・オーブンシートを30×30cmに切り、四隅に切り込みを入れる。25×25cmの天板に敷く。

・バターを湯せんまたは電子レンジで溶かし、使う直前まで50℃以上に保温しておく。

・薄力粉をふるう。

型について

セルクル型

直径9×高さ3cmのセルクル型（底なしの丸型）を使用。ない場合は厚紙を30×4cmに切り、ホチキスでとめて直径9cmの円形にし、オーブンシートを巻いて使ってもよい。

---

memo

● トップにのせるフルーツは、季節のものをお好みで。写真以外にも柑橘類、マンゴー、キウイ、バナナなどもおいしい。

保存

冷蔵室に入れて、当日中に食べる。
スポンジ生地は焼いた後に密封し、冷凍で2週間保存可能。自然解凍して使う。

巻かないロールケーキ

step 1　生地を作る

1

ボウルに卵白と少量の上白糖を入れる。ハンドミキサーを高速にして泡立てる。

2

泡はまだ粗いがボリュームのある状態になったら、残りの上白糖の1/3を入れ、高速で泡立てる。

point
上白糖は4回に分けて加える

最初から全量の上白糖を加えると、キメは細かいがボリュームのないメレンゲになる。このレシピは卵白に対して上白糖が多い配合なので、少量ずつ上白糖を加えて卵白を泡立て、ふくらみとキメの細かさを両立させる。

3

卵白がなめらかになり、ボリュームが出てきたら、残りの上白糖の半量を加える。ハンドミキサーを中速にして泡立てる。

4

上白糖がなじんだら、残りの上白糖をすべて加える。ハンドミキサーのスピードを中速より1段階落として混ぜる。ツノがピンと立ち、持ち上げても落ちてこない、しっかりしたメレンゲにする。

5

卵黄とバニラペーストを加える。ハンドミキサーを低速にして、全体がなじむまで混ぜる。

6

ゴムべらに持ちかえて、底からすくい上げながら大きく混ぜる。メレンゲのかたまりがあれば、ゴムべらを細かく動かしてなじませる。

7

薄力粉を一度に加え、底からすくい上げながら大きく混ぜる。ボウルを手前に60度くらい回しながら、粉気がなくなるまで混ぜる。

8

オーブンを190℃に予熱する。温めておいたバターをゴムべらを伝わせてまんべんなく加える。

9

底にたまったバターを底からすくい上げるように、ゴムべらを大きく動かして混ぜていく。

point
バターを加えたら混ぜすぎない

バターの油脂には気泡をつぶす力があるので、最小限の回数で混ぜ込む。まだ少しバターの筋が見える程度で混ぜ終わり。バターの温度が低いとなじみにくく、混ぜる回数が増えてしまうので、熱いバターを加えること。

step 2 焼く オーブン 190℃
焼き時間 10〜12分

準備した天板に生地を流し入れる。カードを使い、生地を左上の隅に寄せる。

カードを使って左上の生地を右へ動かし、平らに整えていく。

point
型を回転させ、生地をならす

カードを動かして左上から右上へ、生地をならしていく。型を反時計回りに90度回転させ、同様にカードを動かす。これを数回繰り返し、最後にカードに付いた生地も落とし入れて平らにする。

190℃のオーブンで10〜12分焼く。焼けたら高い位置から3回ほど天板ごと落とす。蒸気を抜くことで、焼き縮みを防ぐ。生地の上にオーブンシートをのせ、ひっくり返して取り出す。

底面のオーブンシートを外し、焼き面を上にして網にのせて冷ます。

step 3 仕上げる

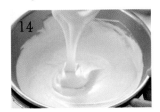

生クリームにグラニュー糖を入れ、ボウルごと氷水にあてながらハンドミキサーの高速で泡立てる。6分立て（すくうとゆっくり流れ落ちるくらい）にする。

スポンジ生地は端を5mmほど切り落とす。定規で3cm幅に印を付け、帯状に切る。まず3本だけ印を付けて切り、残りも同様にすると切りやすい。

器の中央に型をおく。生地の焼き目を外側にして、型の内側に入れていく。

型に入れる際に生地が長い場合は、端を少し切り落とす。

point
ややきつめに型に入れる

生地は型の円周よりもやや長めに用意して、縮ませながら型に入れ込む。生地の長さが足りないと、型を外したときにクリームが流れ出てしまう。

口径1.5cmの丸口金を付けた絞り袋に、用意した生クリームを入れる。型の中心に生クリームを絞り入れる。中心が生地のふちよりもやや高くなるまで絞る。

生地のふちを押さえながら、そっと型を外す。生クリームがゆるい場合はラップで周囲を包み、冷蔵室で一度冷やす。

食べやすい大きさに切ったフルーツを生クリームの上にのせる。ケーキのとじ目を奥にして、彩りを見ながら生クリームの外側から中心に向かって盛っていく。

Choux au craquelin

＞レシピは P.58

クッキーシュー

上部がサクサクしたシュー生地に、バニラが香るとろとろクリーム……。
クリームを詰めるのは、食べるギリギリ直前に。
シューとクリームの鮮やかなコントラストに感動するはずです。
お店では買えない、おうちならではのスペシャリテ。ぜひ体験してください。

材料（11個分）
［クッキー生地］
発酵バター（食塩不使用）… 30g
カソナード（またはグラニュー糖）… 37g
強力粉 … 37g
［シュー生地］
牛乳 … 50g
水 … 50g
グラニュー糖 … 3g
塩 … 1g
発酵バター（食塩不使用）… 45g
薄力粉 … 60g
卵 … 2個分（110g）
［カスタードクリーム］（作りやすい分量）
牛乳 … 450g
バニラビーンズ … 1/2本
卵黄 … 4個分（84g）
グラニュー糖 … 98g
塩 … ひとつまみ
薄力粉 … 18g
コーンスターチ … 18g
バター（食塩不使用）… 45g
［仕上げ用］
生クリーム（乳脂肪分47%）… 180g

カソナードは、さとうきび100%の茶色い砂糖。精製されていないため、きび砂糖よりも香りと風味が強い。

準備
［クッキー生地］
・バターを常温に戻す。
［シュー生地］
・薄力粉をふるう。
・湯せんの準備をする。フライパンに水を入れて沸騰直前まで温める。
・天板にオーブンシートを敷き、直径5cmの丸型に小麦粉（分量外）を付けてあとを11個つけておく。

［カスタードクリーム］
・薄力粉とコーンスターチを合わせてふるい、混ぜ合わせる。
・バニラビーンズのさやを切り開き、種を出す。

---

memo
●クッキー生地をのせずに焼くこともできるが、クッキー生地がある方が均一な球形にふくらむ。

保存
冷蔵室に入れて、当日中に食べる。

step 2　シュー皮を作る

オーブン180℃ 焼き時間30分 →
オーブン130℃ 焼き時間30分

鍋を再び中火にかける。生地を鍋に
あてながら混ぜて火を通す。

ボウルに卵を割りほぐし、湯せんに
かける。混ぜながら50℃に温める。
温めすぎて固まらないように注意す
る。

point
生地温度を温かく保ち、
ふくらみをよくする

生地が温かいうちに、できるだけ早
く絞って焼くのがコツ。冷めるとシ
ュー生地がふくらみにくくなるので、
加える卵もあらかじめ温めておく。

鍋底に薄い膜がはるくらいまで火に
かける。

point
焼く前に小麦粉に火を通す

でんぷんに完全に火が通った、写真
のような状態にする。ぷくっとふく
らみ、中は空洞に焼き上がる。

step 1　クッキー生地を作る

材料をすべてボウルに入れる。全体
がまとまるまでゴムべらで混ぜる。

オーブンシートではさみ、麺棒で2
mmの厚さに伸ばす。冷蔵庫で冷やし
固める。

直径5cmの抜き型で11枚抜く。オ
ーブンシートを敷いたバットに並べ、
使う直前まで冷蔵庫で冷やす。やわ
らかくなりやすい生地なので、常に
冷やして作業する。

鍋に牛乳、水、グラニュー糖、塩、
バターを入れて弱火にかける。バタ
ーが溶けたら中火にして沸騰させる。

point
バターが溶ける前に沸騰させない

全体に油脂分が行き渡ってから薄力
粉を加えることでグルテンの形成を
抑え、よくふくらむ生地を作る。

沸いてきたら火を止め、薄力粉を一
度に加える。ゴムべら（耐熱タイ
プ）で手早く混ぜ、粉のダマがない
状態にする。

オーブンを180℃に予熱する。8を
ボウルに移す。すぐに卵の1/3量を
加え、生地になじむようにゴムべら
でゆっくりと混ぜる。

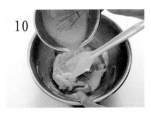

混ざったら、残りの卵の半量を加え
る。同様に混ぜる。

11

残りの卵の半量を加える。速いスピードで力強くゴムべらを動かし、完全に混ぜ合わせる。

12

残りの卵の半量を加え、同様に混ぜ合わせる。生地の固さを確認する。

point
すくって三角形になる固さに

伸びた生地が落ちたとき、写真のような三角形が残ればよい。加える卵の量は、生地の状態で調整。固いようなら追加する。

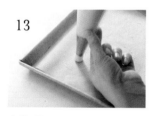

13

生地が温かいうちに口径1.5cmの丸口金を付けた絞り袋に入れる。準備した天板のガイドに合わせて、直径5cmに絞り出す。

14

絞り袋を垂直に立て、円の中心の2cmほど上から、口金を動かさないようにして絞る。絞り終わりは手の力を抜き、時計回りに回しながら絞り袋を離す。

15

天板全体に霧吹きで水をかける。オーブンの中ですぐに焼き固まるのを防ぎ、伸びがよくなる。

16

クッキー生地をのせる。上から押さえないようにする。180℃のオーブンで30分、130℃に下げてさらに30分焼く。焼けたら網にのせ、常温で冷ます。

step 3　カスタードクリームを作る

17

鍋に牛乳、バニラビーンズのさやと種、グラニュー糖少々を入れて中火にかける。

point
牛乳は沸騰させない

卵黄と合わせるときに固まらないように、60℃くらいで火を止める。

18

ボウルに卵黄を入れてほぐし、残りのグラニュー糖を加えてすぐに泡立て器で混ぜる。塩も入れ、白っぽくなるまで混ぜる。薄力粉とコーンスターチを加え、よく混ぜる。

19

牛乳の1/3量を加え、溶きのばす。残りの牛乳も加えてよく混ぜる。

20

漉しながら鍋に戻す。ゴムべらでバニラのさやを押しつけて、バニラの種を鍋の中に入れる。炊き上がったクリームを入れるバットを用意し、アルコールを吹きかけておく。

21

中火にかけ、泡立て器で鍋底をこするようにして混ぜながら煮る。かたまりができてクリーム状になってくる。焦げないようにしっかり混ぜ続ける。

22

沸騰してからも混ぜ続け、サラッとした状態に変化したら火を止める。

point

炊き上がりはツヤツヤ、なめらか

最初は重いクリーム状だが、煮ていくうちにスーッと落ちるくらいやわらかになる。小麦粉にしっかりと火が通ることで、なめらかな食感が生まれる。

23

熱いうちにバターを加えてよく混ぜる。

24

バットに流し入れる。表面が乾燥しないようにラップを密着させ、冷蔵室で完全に冷やす。

step 4　仕上げる

25

ボウルに生クリームを入れ、氷水にあてながらハンドミキサーの高速で固く泡立てる。

point

分離する寸前まで泡立てる

10分立てよりもさらに固く、ボソボソとした状態まで立てる。これよりやわらかい生クリームでは、カスタードクリームと合わせたときにほどよい固さにならない。

26

カスタードをボウルに入れる。ゴムべらで練り、ダマのないなめらかな状態にする。

27

カスタードに生クリームを加える。ゴムべらで底からすくい、泡が消えないようにやさしく混ぜる。口径1.5cmの丸口金を付けた絞り袋に詰める。

28

口径1cmの丸口金をシュー皮の底の中央に深さ1cmほど刺し込み、穴を開ける。

29

口金を生地の穴に刺し込み、クリームを絞り入れる。手のひらにのせ、回転させながら絞ると均一に入る。

30

手に重さを感じ、口金の横からほんの少しクリームが出てきたら絞りを終える。食べる前に粉糖（材料外）をふる。

point

シュー皮がふくらむまで絞る

底生地がややふくらんだら、真上までしっかり詰まっている合図。これ以上絞るとシュー皮が裂けてクリームが飛び出すので注意。

パフェを作ろう

この本に登場するスイーツを組み合わせて、オリジナルのパフェを作ってみましょう。
ゼリーのぷるぷる、クッキーのサクサク、果実のフレッシュ感など、
異なった食感を合わせるのがコツです。

ピスタチオと赤い実の
パフェ（左）

材料（2個分）
［ピスタチオクリーム］
　（作りやすい分量）
生クリーム（乳脂肪分47%）
　… 40g
グラニュー糖 … 4g
ピスタチオペースト … 2g
［キルシュゼリー］
　　粉ゼラチン … 2g
　　水（ゼラチン用）… 8g
　　グラニュー糖 … 20g
　　水 … 60g
　　キルシュ … 4g
　　レモン果汁 … 2g
米粉の抹茶ブールドネージュ
　（P.28）、バターサンド（ピス
　タチオクリーム、P.14）、冷
　凍クランベリー、ラズベリー、
　いちじく … 各適量

作り方

1　生クリームにグラニュー糖とピ
　スタチオペーストを加え、ツノ
　が立つまで泡立てる。

2　キルシュゼリーを作る。粉ゼラ
　チンを水（ゼラチン用）にふり
　入れる。鍋にグラニュー糖と水
　を入れて沸騰させ、ゼラチンを
　混ぜて溶かし、こす。粗熱がと
　れたらキルシュとレモン果汁を
　加えて混ぜる。容器に流して冷
　蔵室で冷やし固める。

3　グラスに1と2を順に入れる。
　食べやすい大きさに切ったフル
　ーツを埋め込み、砕いた米粉の
　抹茶ブールドネージュをのせる。
　1を少量絞り、バターサンドと
　フルーツを飾る。

トロピカルイエロー
パフェ（中央）

材料（2個分）
［生クリーム］（作りやすい分量）
生クリーム（乳脂肪分47%）
　… 40g
グラニュー糖 … 4g
［トロピカルゼリー］
　　粉ゼラチン … 2g
　　水（ゼラチン用）… 8g
　　グラニュー糖 … 20g
　　水 … 60g
　　マンゴーピューレ … 10g
　　パッションフルーツピューレ
　　　… 4g
米粉のブールドネージュ（P.28）、
　バターサンド（塩バニラクリ
　ーム、P.14）、冷凍マンゴー、
　冷凍パイナップル … 各適量

作り方

1　生クリームにグラニュー糖を加
　え、ツノが立つまで泡立てる。

2　「ピスタチオと赤い実のパフ
　ェ」2のキルシュとレモン果汁
　をマンゴーピューレとパッショ
　ンフルーツピューレに換え、同
　様にトロピカルゼリーを作る。

3　「ピスタチオと赤い実のパフ
　ェ」3の米粉の抹茶ブールド
　ネージュを米粉のブールドネ
　ージュに換え、同様にグラスに
　盛る。

赤ワインとベリーの
パフェ（右）

材料（2個分）
［クランベリークリーム］
　（作りやすい分量）
生クリーム（乳脂肪分47%）
　… 40g
粉糖 … 4g
クランベリーパウダー … 2g
［赤ワインゼリー］
　　粉ゼラチン … 2g
　　水（ゼラチン用）… 8g
　　グラニュー糖 … 20g
　　水 … 60g
　　赤ワイン … 6g
　　レモン果汁 … 2g
ダブルチョコクッキー（P.94）、
　バターサンド（クランベリー
　クリーム、P.14）、いちご、ブ
　ルーベリー … 各適量

作り方

1　粉糖とクランベリーパウダーを
　混ぜ合わせる。生クリームを加
　えて、ツノが立つまで混ぜる。

2　「ピスタチオと赤い実のパフ
　ェ」2のキルシュを赤ワインに
　換え、同様に赤ワインゼリーを
　作る。

3　「ピスタチオと赤い実のパフ
　ェ」の3の米粉の抹茶ブールド
　ネージュをダブルチョコクッキ
　ーに換え、同様にグラスに盛る。

Cake aux bananes

バナナケーキ

身近にあるフルーツ、バナナを使った、混ぜるだけで気軽に作れる焼き菓子です。
しっとり、だけど軽い食感になるように、バナナはたっぷり、バターは少なめの配合。
ぜひ皮が黒くなるまで熟れたバナナを使って、甘みとねっとり感を味わってください。
バナナが焼けるときの甘く濃厚な香りが、幸せな気持ちにしてくれます。

材料（パウンド型1台分）
発酵バター（食塩不使用）… 25g
グラニュー糖 … 45g
はちみつ … 25g
塩 … 1g
卵 … 1個分（55g）
強力粉 … 40g
薄力粉 … 40g
重曹 … 2g（またはベーキングパウダー4g）
バナナ … 4/5本（果肉の正味160g）
くるみ … 20g

重曹はベーキングパウダーに比べて生地
をふくらませる力が強い。バナナケーキ
などバターの配合が少ないお菓子に使用
すると、しっかりとボリュームが出る。
重曹がない場合は、ベーキングパウダー
で代用可能。

準備
・オーブンシートを30×19cmに切り、型に合わせて
折り目をつける。小さい側面の折り目に切り込みを
入れ、型に敷き入れる。

・バター、卵を常温に戻す。
・くるみを160℃のオーブンで10分焼く。
・強力粉、薄力粉、重曹を合わせてふるい、混ぜ合わ
せる。

型について
パウンド型

外寸19×8×高さ6.5cm（底面
15×5.5cm）のパウンド型を使
用。同サイズではなくても、容
量が近いものでよい。

memo
●バナナは数日おいて完熟させてから使うと、風味と甘みが
さらにアップする。
●水分の多い生のバナナをたっぷり入れるため、小麦粉の半
量を強力粉にすることで生地に粘度をもたせている。バナ
ナやくるみが型の底に沈まず、均一な生地に焼き上がる。
●焼き上がり後、粗熱がとれたら食べられるが、焼いた2日
後くらいがしっとりとしておいしい。

保存
冷めたらラップに包み、冷蔵で3〜4日保存可能。

バナナケーキ

step 1 生地を作る

1

バナナは3〜4等分にする。ローストしたくるみは5mm角に切る。

2

ボウルにやわらかくしたバター、グラニュー糖、はちみつを入れ、泡立て器で混ぜる。全体がムラなく混ざれば、グラニュー糖が少し溶け残っていても大丈夫。

3

ボウルに卵を割りほぐす。2に塩と卵を加え、泡立て器で混ぜる。

4

粉類を一度に加え、泡立て器で混ぜていく。

5

粉のかたまりがなくなり、なめらかな状態になるまで混ぜる。

point

小麦粉で生地をつなぐ

卵に対してバターの量が少ない生地なので、卵とバターを混ぜ合わせたときに分離した状態になる。小麦粉を加えてしっかりと混ぜていくことで、卵、バター、小麦粉がムラなく混ざった状態になる。

6

オーブンを180℃に予熱する。バナナをフォークで粗くつぶす。

point

しっとり生地の秘密は
たっぷりのバナナ

卵に対してバターの量が少ない生地なので、卵とバターを混ぜ合わせたときに分離した状態になる。小麦粉を加えてしっかりと混ぜていくことで、卵、バター、小麦粉がムラなく混ざった状態になる。

7

バナナを粗いペースト状にする。大きなかたまりがなくなれば、小さな粒が残っていてもよい。

8

生地にバナナを加える。泡立て器で一方向にゆっくりと混ぜる。

9

混ぜていくうちに、泡立て器が軽く感じるようになる。すくったときにトロリと流動性がある状態まで混ぜる。バナナの小さなかたまりが残っていてもよい。

10

くるみを加える。ゴムべらに持ちかえて、底からすくい上げるように混ぜる。

11

ボウルを手前に60度くらい回しながら、底からすくい上げては返し、くるみをムラなく混ぜ込む。

step 2　焼く

オーブン 180℃予熱 → 170℃
焼き時間 40分

12

準備した型に生地を流し入れる。ボウル内の生地をゴムべらで寄せて入れ、ボウルに生地が残らないようにする。

13

ゴムべらで生地をならし、台に型を打ち付けて空気を抜く。オーブンの温度を170℃に下げて40分焼く。表面の割れ目まで色付いたら焼き上がり。高い場所から型を落とし、熱い空気を抜いて焼き縮みを防ぐ。

point
型の四隅まで生地を入れる

焼く前に型の四隅まで生地を行き渡らせ、表面をならす。型に生地を入れる際にすき間があると、焼き上がりの形が悪くなる原因となる。

Tartes aux fruits de saison

季節のフルーツの焼き込みタルト

アーモンドクリームとカスタードを混ぜ合わせたクリームは、
風味がとてもよく、タルトの定番フィリングとして使われています。
このクリームを主役にして、あえてクッキー生地のないタルトを作りました。
こんがりと焼けた表面のサクサクに、しっとりふんわり、バニラが香る生地。
焼いたフルーツならではの、凝縮された甘みと香りも魅力です。

材料 （直径7cmの丸型6個分）

[アーモンドクリーム]
発酵バター（食塩不使用）… 75g
サワークリーム … 25g
粉糖 … 100g
アーモンドパウダー … 120g
スキムミルク … 5g
卵 … 1個分（60g）
バニラペースト … 1g
薄力粉 … 40g

[カスタードクリーム]（作りやすい分量）
牛乳 … 225g
バニラビーンズ … 1/4本
卵黄 … 2個分（42g）
グラニュー糖 … 49g
塩 … ひとつまみ
薄力粉 … 9g
コーンスターチ … 9g
バター（食塩不使用）… 23g

[トッピング用]
好みのフルーツ（いちご、ブルーベリー、いちじく、
　オレンジ、ぶどうなど）… 各適量

準備

[アーモンドクリーム]
・バター、卵を常温に戻す。

[カスタードクリーム]
・薄力粉とコーンスターチを合わせてふるい、混ぜ合わせる。
・バニラビーンズのさやを切り開き、種を出す。

スキムミルクは牛乳から水分、脂肪分を取り除いて粉末にしたもの。脱脂粉乳とも呼ばれる。水分を増やさずにミルクの風味を加えることができる。

memo

- フルーツはりんごやバナナ、パイナップルもおすすめ。
- 一般的なアーモンドクリームの材料は、バター、卵、砂糖、アーモンドパウダーのみ。このレシピでは小麦粉を加えてお菓子の土台にふさわしい食感を、スキムミルクとサワークリーム、バニラペーストを加えて味に深みを出している。
- 残ったカスタードは食パンに塗り、トーストして食べてもよい。

保存

常温で2日間保存可能。

季節のフルーツの
焼き込みタルト

step 1　アーモンドクリームを作る

ボウルにバターとサワークリームを入れる。ゴムべらで練り混ぜて、なめらかにする。

粉糖とアーモンドパウダー、スキムミルクをふるい入れる。ゴムべらをボウルに押しつけるように混ぜ合わせる。

卵を割りほぐし、1/3量を加える。残りの卵は半量ずつ加え、そのつどよく混ぜる。

point
卵は少しずつ加える

分離しないように少量ずつ混ぜ合わせていく。卵が冷えているとバターと混ざり合わないので、必ず常温にしておく。

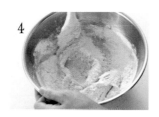

バニラペーストを加えて混ぜる。薄力粉をふるい入れ、ゴムべらで底からすくい上げながら混ぜる。

均一に混ざったら、ラップをかけて冷蔵庫に入れて完全に冷やす。

point
気泡を入れずに作っていく

でき立てのアーモンドクリームは空気を含み、すぐに焼くと必要以上にふくらむ。できれば前日に作り、焼く前にひと晩休ませる。アーモンドクリームを作る際、用途によっては泡立て器で混ぜるが、このレシピでは必ずゴムべらを使う。

step 2　カスタードクリームを作る

＊詳しい作り方はP.60 step3 参照

鍋に牛乳、バニラビーンズのさやと種、グラニュー糖少々を入れて中火にかける。60℃に温める。

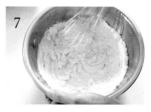

ボウルに卵黄を入れてほぐし、残りのグラニュー糖を加えてすぐに泡立て器で混ぜる。塩も入れ、白っぽくなるまで混ぜる。薄力粉とコーンスターチを加えて混ぜる。

牛乳の1/3量を加え、泡立て器で溶きのばす。残りの牛乳も加えてよく混ぜる。

漉しながら鍋に戻す。バットを用意し、アルコールを吹きかけておく。

10

中火にかけ、泡立て器で混ぜながら煮る。沸騰してからも混ぜ続け、サラッとした状態に変化したら火を止める。

11

熱いうちにバターを加えて混ぜ、バットに流し入れる。ラップを密着させ、冷蔵室で完全に冷やす。

step 3 焼く

オーブン 170℃　焼き時間 45分

12

フルーツを食べやすい大きさに切る。天板にオーブンシートを敷き、型を並べる。

13

オーブンを170℃に予熱する。カスタードクリームを80g計量し、ゴムべらで練ってなめらかにする。アーモンドクリームのボウルに加える。

14

底からすくい上げながら、空気が入らないように混ぜる。

15

口径1.5cmの丸口金を付けた絞り袋に生地を入れる。天板ごとスケールにのせ、型1個につき約75gずつ絞り入れる。

point
外側から絞っていく

絞り袋を垂直に立て、型の側面から中心に向かってうず巻きを描くように絞る。

16

フルーツを彩りよくのせる。170℃のオーブンで45分焼く。型に入れたまま冷ます。型から出すときは型の内側にナイフを入れて一周させ、下から押し上げる。

Tartelettes au citron meringuée

レモンタルト

定番のお菓子であるレモンタルトを、高さを出してティアドロップの形にしました。
パティスリーの厨房では、お菓子を構成するパーツを作りおきして、
ショーケースに並べる前に組み立てるのが日常です。
このレモンタルトも、パイ生地と2種のクリームは1日前に作っておきます。
工程の多いレシピですが、完成したときの味わいとかわいらしさは格別です。

材料（7個分）
［練りパイ生地］
バター（食塩不使用）… 94g
薄力粉 … 188g
卵黄 … 1個分（15g）
冷水 … 38g
グラニュー糖 … 8g
塩 … 3g
卵白（接着用）… 少々
［レモンクリーム］
粉ゼラチン … 6g
水 … 24g
レモン果汁 … 60g
ライム果汁 … 12g
レモンの皮（すりおろし）… 1 1/2個分
卵 … 3個分（140g）
グラニュー糖 … 80g
バター（食塩不使用）… 75g
［ライム風味のアーモンドクリーム］
バター（食塩不使用）… 65g
粉糖 … 58g
アーモンドパウダー … 60g
薄力粉 … 5g
卵 … 1 1/2個分（65g）
ライムの皮（すりおろし）… 1個分
［イタリアンメレンゲ］
グラニュー糖 … 340g
水 … 75g
卵白 … 4個分（135g）
［仕上げ用］
生クリーム … 50g

準備
［練りパイ生地］
・バターは1cm角に切り、薄力粉はふるう。共に冷凍
　室で冷やす。
・直径11cmの円形にオーブンシートを切り、ふちに
　1cm間隔で長さ3cmの切り込みを入れる。これを7
　枚用意する。
［レモンクリーム］
・湯せんの準備をする。フライパンに水を入れて沸騰
　直前まで温める。
［ライム風味のアーモンドクリーム］
・バター、卵を常温に戻す。

型について

セルクル型 　　シリコン型

タルトには直径5×高さ3
cmのセルクル型（底なしの
丸型）を使用。

レモンクリームには直径4
×高さ4cmのドーム形のシ
リコン型を使用。

道具について
重石

タルト生地を焼く際には、底面が浮いて
こないように重石をのせる。写真は「タ
ルトストーン」の名称で菓子道具専門店
で売られているアルミ製のもの。乾物の
あずきでも代用可能。

memo
●練りパイ生地にはあまり甘みがついていないので、キッシュなどの料理にも使うことができる。

保存
冷蔵室に入れて、当日中に食べる。
焼く前の練りパイ生地とアーモンドクリームは、冷蔵
で2〜3日、冷凍で2週間保存可能。
型に入れたレモンクリームは冷凍で2〜3日保存可
能。

レモンタルト

step 1　生地を作る

1

卵黄と冷水を混ぜ合わせ、グラニュー糖、塩を入れて混ぜ溶かす。冷蔵室で冷やす。

2

薄力粉を台に広げ、上にバターをおく。

3

粉の中でカードを切るように動かし、バターを細かくしていく。

4

バター粒が5mm程度になったら、両手ですくい、すり合わせるようにしてさらに細かい粒にしていく。

point
バターが溶けないように手早く

バターが細かい粒となり、粉の中に混ざった状態にする。手の温度で溶けないように、手を冷やしながら行うとよい。

5

全体が黄色くなり、さらさらの粉チーズ状になったらドーナツ状に広げる。くぼみに卵液を流し入れる。

6

周りをくずしながら、ざっくりと混ぜる。カードで下からすくい上げ、練らないようにする。

7

水分が全体に行き渡ったら、カードで集めてひとまとまりにする。まだ粉が残っている状態でよい。

8

四角くまとめた生地を、カードで半分に切る。

9

片方に重ね、手で押す。この作業を何度か繰り返し、生地をまとめていく。

point
生地を切って重ねる

練ると弾力や粘りが出て、焼き縮みが大きくなるため、切り重ねてまとめる。多少の粉が見えている状態でよい。

10

生地を半量ずつに分け、それぞれをラップにのせる。約15×18cmにラップを折りたたむ。ラップの上から麺棒で伸ばし厚さ1cmにする。これを2つ作る。冷蔵室で3時間ほど休ませる。

休ませた生地をオーブンシートにはさみ、約24×22cm、厚さ2mmの長方形に伸ばす。麺棒を上下に動かし、ある程度伸びたら生地を90度回転させ、さらに伸ばす。残り1枚の生地も同様に伸ばす。再度冷蔵室に入れて、冷やし固める。

生地に定規で印を付けて、側面用に3.5×16cmの帯を7本とる。底面用は直径5cmの丸型で7個くり抜く。再度冷蔵室に入れて、できればひと晩冷やし固める。

step 2 レモンクリームを作る

分量の水にゼラチンを加え、ダマにならないように混ぜる。

ボウルに卵を割りほぐす。グラニュー糖、レモン汁とライム汁を順に加え、そのつどよく混ぜる。

80〜100℃の湯せん（鍋底に気泡が見えている状態）にかけながら混ぜ続け、とろりとしたクリーム状になるまで加熱する。

湯せんから外す。熱いうちにゼラチンを加え、泡立て器で混ぜ溶かす。

混ぜながら50℃まで冷ます。バターとレモンの皮を入れ、よく混ぜ合わせる。

point
バターが溶けない温度で混ぜ込む
クリームが熱いうちにバターを加えると、溶けて液体になり、食感や仕上がりが変わってくるため、温度に注意。

ハンドブレンダーをかけ、バターを完全に混ぜ込む。

クリームを絞り袋に流し入れる。絞り口が1cm程度になるように切り落とす。シリコン型のふちすれすれまで絞り入れる。絞り口を指で押さえながら作業する。

表面をパレットナイフですり切り、平らにする。ラップをして冷凍室に入れ、中心まで凍らせる。凍ったら型から外し、使う直前まで冷凍しておく。

step 3 アーモンドクリームを作る

ボウルにバターを入れる。ゴムべらで練り混ぜてなめらかにする。

粉糖とアーモンドパウダーをふるい入れる。ゴムべらをボウルに押しつけるように混ぜ合わせる。

卵を割りほぐし、1/3量を加える。残りの卵は半量ずつ加え、そのつどよく混ぜる。

薄力粉をふるい入れて混ぜ、ライムの皮を加えて混ぜる。ラップをかけて冷蔵室に入れ、ひと晩休ませてクリームを落ち着かせる。

point
ライムの皮で鮮烈な風味をつける

アーモンドクリームにライムの皮を加えると香りに奥行きが出て、酸味のあるレモンクリームとの調和が生まれる。

step 4 焼く

空焼き オーブン 160℃
焼き時間 20〜30分→
オーブン 170℃　焼き時間 20分

オーブンを160℃に予熱する。型の内側に側面用の生地を沿わせる。生地が重なる部分は2mmほど残してナイフで切り取る。

卵白を薄く塗って指で押さえ、くっつける。冷蔵室で冷やす。

生地の底から2〜3mm部分に卵白を薄く塗る。底面の生地を入れ、接着面を指でしっかり押さえる。上部のはみ出た生地をナイフで切り落とす。

型の内側に準備したオーブンシートを敷き込む。重石を入れ、160℃で20〜30分ほど空焼きする。焼けたら重石を取って冷ます。

point
重石は生地の高さまで

焼いている間に生地がダレてこないように、上部まで重石で支える。

アーモンドクリームを1〜1.5cmの丸口金を付けた絞り袋に入れ、型から出した生地に25gずつ絞り入れる。170℃のオーブンで20分焼き、常温で冷ます。

step 5 仕上げる

生クリームを8分立て（ピンとツノが立つくらい）にし、アーモンドクリーム部分に薄く塗る。

凍らせたレモンクリームをのせ、しっかりと密着させる。再度冷凍室に入れ、冷やしておく。

イタリアンメレンゲを作る。ボウルに卵白を入れ、ハンドミキサーと温度計を用意しておく。鍋にグラニュー糖と水を入れて中火にかける。

シロップの温度が100℃くらいになったら、卵白をハンドミキサーの中速で泡立て始める。

卵白が7分立て、シロップが116℃くらいになったら、卵白を泡立てながら少しずつシロップを流し入れる。

point
シロップとメレンゲのタイミングを合わせる

卵白が泡立つのと、シロップの温度が上がる頃合いを合わせ、よい状態のイタリアンメレンゲを作る。

シロップ全量が入ったら、さらに高速で泡立て、固いメレンゲを作る。キメが細かく、すくうとピンとツノが立つ固さにする。人肌程度まで冷ます。

31が完全に冷やし固まったら、イタリアンメレンゲをゴムべらでなめらかにし、ボウルのふちに寄せる。タルトを逆さまにしてレモンクリーム部分をメレンゲに入れる。

メレンゲを均一に付け、上に引き上げてツノを立てる。

point
ゆっくりと引き上げる

メレンゲの中でタルトを回しながら、まんべんなく付ける。薄い場合は2度付けてもよい。

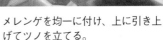

メレンゲ部分にバーナーの炎をあてる。上下に動かし、軽く焼き目を付ける。冷蔵室に2～3時間入れ、レモンクリームを解凍してから食べる。

Entremets caramel et thé earl grey

キャラメルとアールグレイのムースケーキ

お菓子作りに慣れてきたら、本格的なケーキにトライしてみましょう。
チョコレートのグラサージュ（上がけ）の中に、オレンジとキャラメルが香るムース。
その下にはミルクティー風味のクリームと、甘く香ばしい生地が隠れています。
要素が多く、本書のなかでも難易度が高いレシピですが、
ひとつひとつの工程を丁寧に、楽しみながら作っていただきたいです。

材料（直径15cmの丸型1台分）

［アールグレイクリーム］
粉ゼラチン … 3g
水 … 12g
牛乳 … 65g
紅茶葉（アールグレイ） … 3g
生クリーム（乳脂肪分35%） … 180g
卵黄 … 2個分（45g）
グラニュー糖 … 42g

［グラサージュ］
粉ゼラチン … 4g
水 … 16g
牛乳 … 50g
グラニュー糖 … 70g
水あめ … 70g
ナパージュ（非加熱タイプ） … 55g
ブロンドチョコレート … 25g
ミルクチョコレート … 20g

［ヘーゼルナッツのダクワーズ生地］
　（作りやすい分量、約2枚分）
卵白 … 2個分（50g）
グラニュー糖 … 15g
ヘーゼルナッツパウダー … 43g
粉糖 … 43g
ヘーゼルナッツ …12g
粉糖（仕上げ用） … 適量

［キャラメルムース］（作りやすい分量）
粉ゼラチン … 4g
水 … 16g

生クリーム（乳脂肪分35%） … 150g
ミルクチョコレート … 100g
キャラメル
　グラニュー糖 … 50g
　生クリーム（乳脂肪分35%） … 100g
バター（食塩不使用） … 10g
オレンジの皮 … 1/4個分

準備

［ヘーゼルナッツのダクワーズ生地］
・卵白にグラニュー糖を入れて混ぜ溶かし、冷蔵室で
　冷やす。
・ヘーゼルナッツを160℃のオーブンで10分焼き、4
　等分に切る。
・ヘーゼルナッツパウダーと粉糖を合わせてふるい、
　混ぜ合わせる。

［キャラメルムース］
・湯せんの準備をする。フライパンに水を入れて沸騰
　直前まで温める。
・オレンジの皮を薄くすりおろす。

型について

セルクル型

直径15cm（外側のムース用）、
直径12cm（内側のクリーム用）
のセルクル型（底なしの丸型）
を使用。

memo
● クリームとムースの冷凍に時間がかかるため、2日に分け
て作ると作業効率がよい。アールグレイクリームとグラサー
ジュを1日目に作り、ダクワーズ生地とキャラメルムー
スを2日目に作る。
● 残ったアールグレイクリームとキャラメルムースは、グラ
スに流し入れてデザートとして食べてもよい。

保存

冷蔵室に入れて、当日中に食べる。
ダクワーズ生地は焼いた後に密封し、冷凍で2週間保
存可能。自然解凍して使う。
グラサージュをかける前のケーキは冷凍で1週間保存
可能。

キャラメルとアール
グレイのムースケーキ

step 1　アールグレイ
###　　　　クリームを作る

直径12cmの型の片面にラップをぴっちりとはり、平らなバットにのせる。

分量の水にゼラチンを入れ、ダマにならないように混ぜる。

牛乳を沸騰寸前まで温め、紅茶葉を入れる。ラップをして3分おき、ボウルにこし入れる。

鍋に生クリームと3を入れ、中火にかける。

ボウルに卵黄を入れてほぐす。グラニュー糖を加えてすぐに泡立て器で混ぜ、白っぽくなるまで混ぜる。この後で熱い紅茶液を加えるため、卵が固まらないように空気を含ませておく。

4の紅茶液が80℃になったら火を止める。1/3量を5に加え、泡立て器で溶きのばす。残りの紅茶液も加えてよく混ぜる。

鍋に移して中火にかける。全体をゴムべらで混ぜながら温め、とろみをつける。82℃になったらボウルに移す。

point
卵が固まるのを防ぐ

83℃以上になると卵に火が通り、固まり始める。鍋の余熱で火が入るので、すぐにボウルに入れる。

火を止め、熱いうちにゼラチンを加えて混ぜ溶かす。

氷水をあてたボウルにこしながら移す。ゴムべらで混ぜながら、ややとろみがつくまで冷やす。

準備した型をバットごとスケールにのせる。250gを流し入れ、冷凍室で凍らせる。

中心まで凍ったら、型のラップを外す。ラップをはったバットにのせ、熱いぬれ布巾を側面にあて、型を上に引き上げて外す。再度冷凍室に入れる。

point
クリームは凍らせる

ケーキの中心部分となるクリームは凍らせておく。作業がしやすくなり、ケーキ内部に美しい層を作ることができる。

step 2　グラサージュを作る

分量の水にゼラチンを入れ、ダマにならないように混ぜる。

鍋に牛乳、グラニュー糖、水あめ、ナパージュを入れ、泡立て器で混ぜ合わせる。中火にかけ、沸騰したら火からおろす。

ゼラチンを加えて混ぜ溶かす。ブロンドチョコレートとミルクチョコレートを加え、よく混ぜる。

筒状の容器にこし入れる。ハンドブレンダーをかけ、なめらかにする。ラップを液体に密着させ、粗熱がとれたら冷蔵室で冷やす。

step 3　生地を作る

オーブン 190℃　焼き時間 10〜12分

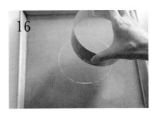

天板にオーブンシートを敷き、直径12cmの丸型に小麦粉（分量外）を付けてあとをつけておく。

オーブンを190℃に予熱する。準備した卵白をハンドミキサーの中速で泡立てる。

point
冷たい卵白を泡立てる

卵白をあらかじめ冷やしておくことで、キメの細かい生地になる。グラニュー糖を全量溶かし込んでいるため、ゆっくりと泡立ってくる。

やわらかなツノが立つ固さになったら、ハンドミキサーを高速にして、ピンとツノが立つまで立てる。

ふるっておいた粉類を一度に加える。ゴムべらで底からすくい上げながら大きく混ぜる。ヘーゼルナッツパウダーは油脂分が多いので、気泡がつぶれないように少ない回数で混ぜ込む。

口径1cmの丸口金を付けた絞り袋に生地を入れる。準備した天板の円にうず巻き状に絞る。

point
円の大きさに合わせて絞り出す

円の中心から外側に向かって、均一な太さで絞っていく。型を使わなくても、必要な大きさの生地を焼くことができる。

生地の上にヘーゼルナッツを散らす。

生地全体をおおうように、茶こしで粉糖をふる。数分おいて溶かす。これを合計3回繰り返す。

3回目の粉糖がある程度溶けたら、190℃のオーブンで10～12分焼く。

point

粉糖で表面に膜を作る

溶けた粉糖は焼いている間にシロップ状になり、それが焼き固まって小さなあめ状になる。これがダクワーズ特有のさっくり感を生み出す。

焼けたら常温で冷ます。冷めてから、生地のふちに少しずつパレットナイフを入れ、割れないように注意しながらオーブンシートから外す。

step 4　キャラメルムースを作る

15cmの型の片面にラップをぴっちりとはり、平らなバットにのせる。

分量の水にゼラチンを入れ、ダマにならないように混ぜる。

ボウルに生クリーム150gを入れ、氷水にあてながらハンドミキサーの高速で泡立てる。7分立て（すくうとあとが少し残るくらい）にして冷蔵室に入れる。

ミルクチョコレートを湯せんにかけて溶かし、固まらない温度に保温する。

生クリーム100gを湯せんにかけて温める。冷めないように保温する。

キャラメルを作る。鍋にグラニュー糖を入れ、中火にかける。部分的に沸騰してきたら鍋を揺らして均等に溶かし、色付けていく。高温になるため、軍手をして作業するとよい。

焦げ茶色に色付いたら火を止め、29の生クリームを注ぎ入れる。

point

生クリームで加熱を止める

高温の鍋内に冷たい生クリームを注ぐとはねたり吹きこぼれる恐れがあるので、必ず温めてから加える。一気に沸き上がり熱い蒸気が出るので、やけどに注意する。

泡立て器でキャラメルと生クリームをよく混ぜ合わせる。

バター、ゼラチンを順に入れ、そのつど混ぜ合わせる。ボウルに移し、粗熱をとる。

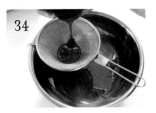

34

50℃（触って少し熱いくらい）に
なったら、チョコレートをこし入れ
る。

35

28℃（室温くらい）になったら、
27の生クリームを加える。

point
生クリームの固さを調整する
冷やしておいた生クリームがやわら
かくなっていたら、泡立て器で立て
直す。

36

ゴムべらで下からすくい上げ、ムラ
なく混ぜる。

37

オレンジの皮のすりおろしを加え、
混ぜ合わせる。

step 5　仕上げる

38

準備した型をバットごとスケールに
のせ、37を220g流し入れる。

39

スプーンで型の側面にムースを塗る。

point
すき間なくムースを入れる
型の側面に空気が入ると仕上がりが
悪くなる。ここで型の上までムース
を塗り広げておく。

40

凍らせておいたアールグレイクリー
ムを中央におき、その上に残りのム
ースを流し入れる。スプーンでなら
し、中央にスペースを作る。

41

ダクワーズ生地を中央におく。軽く
押して密着させる。ラップをかぶせ、
まな板などをのせて平らにする。冷
凍室に入れ、しっかりと冷やし固め
る。

42

型よりひとまわり小さいケーキ型な
どの底を上にしてバットにおく。41
のラップを外してのせる。熱いぬれ
布巾を側面にあて、型を引き下げる。
使う直前まで冷凍室に入れておく。

43

グラサージュを電子レンジで加熱し
て35℃（人肌よりぬるいくらい）
に温める。42の中心からかける。

point
高い位置から勢いよく注ぐ
グラサージュは勢いをつけて流すと、
途中で固まらず均一に広がる。

44

側面にも流れ落ちるようにかける。
余分なグラサージュをパレットナイ
フでならして落とす。仕上げに半割
りのヘーゼルナッツ（分量外）を飾
ってもよい。冷蔵室に2～3時間入
れ、解凍してから食べる。

Tartes au fromage crème brûlée

チーズブリュレタルト

チーズタルト＋クレームブリュレ。人気スイーツの夢の共演です。
中心のチーズクリームが、とろりとした状態で焼き上げるのが、
なめらかさの秘訣です。サクッ、トロッ、カリッ……。
かみしめるごとにリズミカルな食感があふれます。

材料（ミニタルト型6個分）
［クッキー生地］
バター（食塩不使用）… 90g
粉糖 … 58g
塩 … ひとつまみ
バニラペースト … 少々
アーモンドパウダー … 18g
卵 … 1/2個分（28g）
強力粉 … 75g
薄力粉 … 75g
［チーズクリーム］（作りやすい分量）
クリームチーズ … 240g
発酵バター（食塩不使用）… 85g
グラニュー糖 … 65g
バニラペースト … 1g
卵黄 … 3個分（65g）
生クリーム（乳脂肪分40%）… 100g
［仕上げ用］
グラニュー糖 … 適量

準備
［クッキー生地］
・バター、卵を常温に戻す。
・粉糖とアーモンドパウダーを合わせてふるい、混ぜ
　合わせる。
・強力粉と薄力粉を合わせてふるい、混ぜ合わせる。
・直径10cmの円形にオーブンシートを切り、ふちに
　1cm間隔で長さ2cmの切り込みを入れる。これを6
　枚用意する。

［チーズクリーム］
・クリームチーズ、バターを常温に戻す。

型について
タルト型

直径9×高さ2cmのタルト型
を使用。

memo
● キャラメリゼするのは、食べる直前に。時間をおくとカリ
　カリ感が損なわれる。
● クッキー生地を使わず、耐熱容器にチーズクリームのみを
　流して同様に焼いて「チーズブリュレ」としても楽しめる。
　その場合の焼き時間は、同様に120℃で20分。
● 乳脂肪分40%の生クリームが手に入らない場合は、乳脂
　肪分35%を59ml、乳脂肪分47%を41ml用意し、混ぜて
　使う。

保存
冷蔵室に入れて、当日中に食べる。
焼く前のクッキー生地は冷蔵で2〜3日、冷凍で2週
間保存可能。冷蔵室で解凍して使う。

チーズブリュレタルト

step 1　クッキー生地を作る

オーブン 160℃　焼き時間 20〜30分

*詳しい作り方はP.17〜18 **step1** 参照

1

ボウルにバターを入れ、ゴムべらで練り混ぜる。準備した粉糖とアーモンドパウダーを入れ、塩、バニラペーストも加える。ゴムべらでバターをすくい、押しつけるようにして均一に混ぜ合わせる。

2

割りほぐした卵を1/3量ずつ加え、そのつど混ぜる。準備した薄力粉、強力粉を加える。ゴムべらで、粉気がなくなるまで混ぜる。必要以上に混ぜすぎないように注意する。

3

生地を半量に分け、それぞれをラップにのせる。10×10cmになるようにラップを折りたたみ、手で押して四角くする。冷蔵庫で2時間ほど休ませる。バターが固まって作業しやすくなり、焼き縮みも抑えられる。

4

生地1枚をオーブンシートではさむ。麺棒で約22×22cm、厚さ3mmに伸ばす。麺棒を上下に動かし、ある程度伸びたら生地を90度回転させて伸ばす。残り1枚も同様に伸ばす。冷蔵室に入れて冷やし、しっかりと固い状態にする。

5

直径10cmの丸型でくり抜く。

6

型の中央に生地をおき、型を回しながら手早く敷き込む。

point
型と生地を密着させる

型の内側に親指をあて、上から軽く押して生地を敷く。側面と底面に生地をしっかり沿わせると形よく焼き上がる。

7

オーブンを160℃に予熱する。底面にフォークで空気抜きの穴を開ける。冷蔵庫に入れ、冷やし固める。

8

生地の内側に準備したオーブンシートを敷き、重石をおく。160℃のオーブンで20分ほど焼く。

スプーンで重石とオーブンシートを取り、底生地の焼き加減を見る。焼き色が薄ければ、さらに10分ほど焼く。オーブンから取り出し、型に入れたまま常温で冷ます。

point
しっかりと焼き色を付ける

空焼きのタイミングで、写真のようなきつね色まで焼く。チーズクリームを流した後は低温で焼くため、焼き色はこれ以上入らない。

step 2　チーズクリームを作る

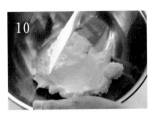

ボウルにクリームチーズとバターを入れ、ゴムべらでなめらかになるまで練る。

グラニュー糖、バニラペーストを加え、押しつけるようにしてよく混ぜる。

卵黄の半量を加え、泡立て器で混ぜる。なめらかになったら残りの卵黄を加え、同様に混ぜる。

point
卵黄は一度に加えない

卵黄を入れると生地がダマになりやすいので、2回に分けて加え、そのつどしっかりと混ぜ合わせる。

生クリームを加えてよく混ぜる。

step 3　仕上げる

オーブン 120℃　焼き時間 20分

オーブンを120℃に予熱する。13を空気を入れないように絞り袋に流し入れ、絞り口が5mm程度になるように切り落とす。タルト型をスケールにのせ、チーズクリームを80gずつ絞り入れる。スプーンで表面をならす。

120℃のオーブンで20分ほど焼く。焼けたら型に入れたまま粗熱をとり、冷蔵庫で冷やし固める。

point
とろとろ食感に焼き上げる

焼き上がりの目安は周りがふくらみ、中心が少し揺れる状態。火を入れすぎると完全に固まるので注意。

バットに熱湯を入れ、型の底を数秒あてて温める。ひっくり返して型から外す。表面にグラニュー糖をふる。

point
砂糖をムラなく広げる

指先で薄く均一に表面に広げる。重なっていると大きな焦げができてしまうので注意。

バーナーでグラニュー糖部分をあぶってキャラメリゼし、香ばしい焼き目をつける。

Troisième
Chapitre

第 3 章

小さな焼き菓子

初めて作ったお菓子は、クッキーやパウンドケーキという方も多いのではないでしょうか。
生地の混ぜ方や焼き具合で、味も食感も驚くほど変化するのが焼き菓子。
小さめサイズに最適な配合と作り方を考えました。
手で持って気軽に食べるおやつとして、ご家庭の定番にしてもらえたらうれしいです。

Financiers

フィナンシェ、紅茶のフィナンシェ
ピスタチオフィナンシェ

バターとアーモンドの濃厚なコクを味わえる一品。
こんがり焼けた色と台形が金塊をイメージしている、縁起のよいお菓子です。
焼きたての表面はカリッとしていて、中はふんわり。
翌日以降に食べると全体的にしっとりとして、リッチさが際立ちます。

〈 フィナンシェ 〉
材料（7〜8個分）
薄力粉 … 21g
アーモンドパウダー … 45g
ベーキングパウダー … 1g
グラニュー糖 … 60g
卵白 … 2 1/2個分（72g）
水あめ … 6g
バター（食塩不使用）… 81g

〈 紅茶のフィナンシェ 〉
材料（7〜8個分）
薄力粉 … 21g
アーモンドパウダー … 45g
スキムミルク … 3g
ベーキングパウダー … 1g
紅茶葉（アールグレイ）… 3g
グラニュー糖 … 60g
卵白 … 2 1/2個分（72g）
水あめ … 6g
バター（食塩不使用）… 81g

〈 ピスタチオフィナンシェ 〉
材料（7〜8個分）
薄力粉 … 30g
アーモンドパウダー … 44g
ベーキングパウダー … 1g
粉糖 … 82g
卵白 … 2個分（58g）
ピスタチオペースト … 16g
トリモリン … 2g（または水あめ4g）
バター（食塩不使用）… 44g

トリモリンはペースト状の液糖。砂糖の1.3倍の甘さをもち、しっとりやわらかな仕上がりになる。なければ水あめで代用できるが、しっとり感と甘みは異なってくる。

準備
〈 共通 〉
・卵白を常温に戻す。
・型にやわらかくしたバター（分量外）を指で薄く塗る。

〈 フィナンシェ 〉
・薄力粉、アーモンドパウダー、ベーキングパウダー、グラニュー糖を合わせてふるい、混ぜ合わせる。
〈 紅茶のフィナンシェ 〉
・薄力粉、アーモンドパウダー、スキムミルク、ベーキングパウダーを合わせてふるう。紅茶葉とグラニュー糖を加えて混ぜ合わせる。
〈 ピスタチオフィナンシェ 〉
・薄力粉、アーモンドパウダー、ベーキングパウダー、粉糖を合わせてふるい、混ぜ合わせる。

道具について
フィナンシェ型

4×8×高さ1cmのフィナンシェ型を使用。

memo
●紅茶葉は細かいものを使うと舌ざわりがよい。ティーバッグの中身を出して使うか、リーフタイプをすり鉢で細かくする。

保存
常温で2〜3日保存可能。

フィナンシェ
紅茶のフィナンシェ

step 1 　生地を作る

*写真はフィナンシェ
*作り方は紅茶のフィナンシェと共通

1

焦がしバターを作る。鍋にバターを入れて中火にかける。鍋が入る大きさのボウルに水を入れておく。

2

バターが完全に溶けて沸騰してきたら、泡立て器で混ぜる。

point
焦げを細かくする
バターを絶えず混ぜながら、ムラなく焦がしていく。混ぜることで焦げのかたまりが細かく均一になる。

3

泡が細かくなり全体が濃い茶色になるまで加熱する。泡で色が見えにくいので、泡立て器でよけながら確認する。

4

すぐに鍋底を水の入ったボウルに浸けて、焦げが進むのを止める。常温においておく。

5

準備した粉類（紅茶のフィナンシェにはスキムミルクと紅茶葉も入る）のボウルに卵白と水あめを加え、泡立て器で混ぜる。

6

中央から周りの粉を崩し、卵白に取り込むようにゆっくりと混ぜる。ダマがなく均一な状態にする。

7

オーブンを230℃に予熱する。焦がしバターの温度を確認し、55〜60℃に調整する。6に一度に加える。

point
適温の焦がしバターを加える
焦がしバターが熱すぎると卵白生地に火が入ってしまう。冷たいと生地と混ざり合わず、油で揚げたような焼き上がりになる。

8

生地全体がなじむように泡立て器ですり混ぜる。なるべく空気を入れないように、丁寧に混ぜる。

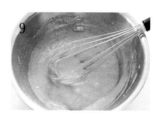

9

焦がしバターの筋が見えない、均一な状態にする。

step 2　焼く

オーブン 230℃予熱→220℃
焼き時間14分

生地を絞り袋に入れ、絞り口が1cm
程度になるように切り落とす。準備
した型をスケールにのせ、1個につ
き30gずつ絞り入れる。絞り口を親
指と人差し指で押さえながら作業す
ると、型の周囲に生地が付かない。

point
型の九分目まで絞る

30gは写真の型の場合の目安。サイ
ズが異なる型を使う場合は、型の九
分目まで生地を入れる。

オーブンの温度を220℃に下げて
14分焼く。焼き色が薄ければさら
に数分焼く。焼けたらすぐに型をひ
っくり返して生地を出し、網にのせ
て冷ます。

ピスタチオフィナンシェ

オーブン 180℃予熱→170℃
焼き時間 10〜12分

フィナンシェの1と同様にバターを
溶かす。沸騰したら、泡立て器で混
ぜ続ける。表面が白っぽい状態から、
少しずつ透明になってくる。

point
バターを焦がさない

ピスタチオの香りをいかすために、
バターは焦がさず、溶かした状態で
使用する。泡が出るまで加熱するこ
とで、余計な水分が抜ける。

透明になったら、鍋底を水の入った
ボウルに浸けて加熱を止める。
フィナンシェの5と同様に卵白、ピ
スタチオペースト、トリモリンを合
わせて混ぜる。
6〜10と同様に溶かしたバターを
加えて混ぜ、オーブンを180℃に予
熱し、型に絞り入れる。オーブンの
温度を170℃に下げて10〜12分焼
く。ピスタチオの色をきれいに出す
ために、フィナンシェよりも低い温
度で焼き上げる。
焼けたらフィナンシェの11と同様
に冷ます。

Biscuits caramel beurre salé
Biscuits double chocolat

キャラメルクッキー
ダブルチョコクッキー

ラフな見た目とざっくり食感が魅力のアメリカンなクッキー。
随所にパティシエの技を効かせて、最高の味に仕上げました。
キャラメルクッキーには、カリカリ＆ほろ苦の塩キャラメルがたっぷり。
チョコクッキーの中からは、半生のチョコがとろり。
大きめサイズなのに、食べ出したらもうとまらない……。禁断の味です。

〈 キャラメルクッキー 〉
材料（15個分）
発酵バター（食塩不使用）… 75g
粉糖 … 60g
卵黄 … 1個分（15g）
生クリーム（乳脂肪分35%）… 15g
薄力粉 … 125g
アーモンドパウダー … 40g
ベーキングパウダー … 7g
ダークチョコレート（カカオ分55%）… 40g
［塩キャラメル］（作りやすい分量）
グラニュー糖（甘味用）… 40g
生クリーム（乳脂肪分47%）… 50g
グラニュー糖（キャラメル用）… 100g
バニラビーンズ … 1本
バター（食塩不使用）… 10g
塩 … 1g

〈 ダブルチョコクッキー 〉
材料（10個分）
発酵バター（食塩不使用）… 77g
カソナード（またはグラニュー糖）… 50g
グラニュー糖 … 25g
塩 … 1g
バニラペースト … 1g
薄力粉 … 70g
強力粉 … 18g
ベーキングパウダー … 5g
ココアパウダー … 18g

［トッピング用］
ダークチョコレート（カカオ分55%）… 20g
［フィリング用］
ダークチョコレート（カカオ分70%）… 70g

準備
〈 キャラメルクッキー 〉
・バターを常温に戻す。
・塩キャラメルの甘味用のグラニュー糖と生クリームを混ぜ、常温においておく。

・チョコレートを1cm角に切る。
・薄力粉、アーモンドパウダー、ベーキングパウダーを合わせてふるい、混ぜ合わせる。
・キャラメルを流すバットを用意し、オーブンシートを敷く。
〈 ダブルチョコクッキー 〉
・バターを常温に戻す。
・トッピング用のチョコレートを5mm角に切る。
・フィリング用のチョコレートを7gずつに分ける。
・薄力粉、強力粉、ベーキングパウダー、ココアパウダーを合わせてふるい、混ぜ合わせる。

memo
●クッキーのトッピングは好みでナッツ類を加えてもよい。
●残った塩キャラメルは、そのままキャラメルとして食べることができる。

保存
乾燥剤を入れて密封し、常温で5日間保存可能。

キャラメルクッキー

step 1 クッキーを作る
オーブン 160℃　焼き時間 16分

1

塩キャラメルを作る。鍋にキャラメル用のグラニュー糖を入れ、中火にかける。部分的に沸騰してきたら鍋をゆらして均等に溶かし、色付けていく。高温になるため、軍手をして作業するとよい。

2

焦げ茶色に色付いたら火を止め、準備した生クリームを注ぎ入れる。一気に沸き上がり、熱い蒸気が出るので、やけどに注意する。

3

バター、バニラビーンズ、塩を加えて泡立て器で混ぜる。中火にかけて165℃まで加熱する。

point
キャラメルの水分を飛ばす

クッキー生地に混ぜて焼いても溶け出さないように、煮詰めて固いキャラメルを作る。

4

準備したバットに流して冷ます。冷えて完全に固まったら1cm角程度に切る。

5

ボウルにバターを入れてやわらかく練り、粉糖を加えて押しつけるようにゴムべらで混ぜる。

6

卵黄と生クリームを順に加え、そのつどなめらかになるように混ぜる。

7

準備した粉類を加える。ゴムべらで底からすくい上げながら押しつけ、粉気がなくなるまで混ぜる。

8

4のキャラメルの半量とチョコレートを加える。ゴムべらをボウルに押しつけながら混ぜ合わせ、生地全体に行き渡るようにする。

9

オーブンを160℃に予熱する。生地を30gずつに分け、オーブンシートを敷いた天板に並べ、直径5cm程度に整える。160℃で16分焼く。焼けたら網にのせて冷ます。

point
表面に凹凸をつける

指先で押してでこぼことした表面にすると、ラフで表情のある仕上がりになる。焼き上がりは直径8cm程度まで広がる。

ダブルチョコクッキー

step 1　クッキーを作る
オーブン 160℃　焼き時間 20～22分

ボウルにバターを入れてやわらかく
練り、カソナード、グラニュー糖、
塩、バニラペーストを加える。ゴム
べらで押しつけるように混ぜる。

2

準備した粉類を加える。ゴムべらで
底からすくい上げながら押しつけ、
粉気がなくなるまで混ぜる。

3

オーブンを160℃に予熱する。ラッ
プを敷いたバットをスケールにのせ、
25gずつに分割する。

4

生地を手のひらにのせて軽く押しつ
ぶし、フィリング用のチョコレート
をのせる。

point
チョコレートを包み込む

生地の中心にチョコレートのかたま
りを入れる。食べたときに、中から
半生状態のチョコレートが出てくる。

5

周りの生地を寄せて包み、両手のひ
らで転がして丸くする。

6

オーブンシートを敷いた天板に間隔
を空けて並べる。生地の上半分にト
ッピング用のチョコレートを軽く埋
め込む。

7

160℃のオーブンで20～22分焼く。
焼けたら網にのせて冷ます。

point
丸く成形する

焼いている間に中のチョコレートが
溶けて、直径7～8cmほどに広がる。
平たくして焼くと薄くなるので、球
形のまま焼き始める。

Quatre-quarts

パウンドクラシック
パウンドメープル

パウンドケーキを小さな型に入れて焼き上げました。
切らずにすぐに食べられるので、ちょっとした贈りものにもおすすめです。
ドライフルーツとナッツがぎっしり入った「クラシック」と
メープルシュガーとウイスキーが香る「メープル」。
どちらの生地にもクリームチーズを入れて、コクと軽い酸味を出しています。

〈 パウンドクラシック 〉
材料（11本分）
レーズン … 40g
ドライクランベリー … 16g
オレンジピール … 16g
ブランデー … 30g
くるみ … 16g
クリームチーズ … 40g
バター（食塩不使用）… 45g
卵 … 2個分（90g）
グラニュー糖 … 110g
薄力粉 … 40g
コーンスターチ … 11g
アーモンドパウダー … 40g
ベーキングパウダー … 1g
［ シロップ ］
水 … 25g
グラニュー糖 … 25g
ブランデー（好みで入れなくてもよい）… 20g

〈 パウンドメープル 〉
材料（11本分）
クリームチーズ … 45g
バター（食塩不使用）… 50g
卵 … 2個分（103g）
グラニュー糖 … 61g
メープルシュガー … 93g
薄力粉 … 43g
コーンスターチ … 13g

アーモンドパウダー … 43g
ベーキングパウダー … 1g
ライムの皮（すりおろし）… 1/2個分
［ シロップ ］
水 … 25g
メープルシュガー … 25g
ウイスキー（好みで入れなくてもよい）… 20g

メープルシュガーはメープルシロップの原料であるサトウカエデの樹液から作られる砂糖。メープル特有の甘い香りとコクをもつ。

準備
・クリームチーズ、バター、卵を常温に戻す。
・薄力粉、コーンスターチ、アーモンドパウダー、ベーキングパウダーを合わせてふるい、混ぜ合わせる。
・パウンドクラシックのくるみを160℃のオーブンで10分焼き、5mm角に切る。

型について
ミニパウンド型

7.5×2.5×高さ3cmのシリコン製ミニパウンド型を使用。使い切りの紙製の型を使ってもよい。ブリキやスチール素材の型を使用する場合は、内側にバター（分量外）を塗る。

memo
● パウンドクラシックのドライフルーツとナッツ類は、アプリコットやアーモンドなど好みのものに換えてもよい。

保存
密閉して冷蔵で3〜4日保存可能。

パウンドクラシック

step 1　生地を作る

1

耐熱容器にレーズン、ドライクランベリー、オレンジピール、ブランデーを入れる。ラップを密着させて電子レンジに2分ほどかけて温め、そのまま冷ましておく。

point
何日も漬け込まなくてもOK

温度が下がるタイミングでドライフルーツがブランデーの香りと水分を吸収し、ふっくらと香り高い洋酒漬けが短時間で完成する。ドライフルーツの洋酒漬けは、一般的には数日〜数週間前に仕込むレシピが多いが、この作り方ならばすぐに使うことができる。

2

卵を割りほぐし、グラニュー糖を加える。泡立て器でよく混ぜてグラニュー糖を溶かす。

3

ボウルにクリームチーズとバターを入れ、ゴムべらで練る。泡立て器に持ちかえ、なめらかになるまで混ぜる。

4

卵液の1/3量を流し入れる。

point
卵液は常温にして加える

このとき卵液が冷たいとバターが固まり、生地が分離してしまう。

5

泡立て器で混ぜ合わせる。長く混ぜていると少しずつ分離するので、ある程度なめらかになったら、次の作業に移る。

6

準備した粉類の半量を加え、泡立て器で混ぜる。混ぜすぎないように注意する。

7

粉が見えなくなったら、残りの卵液の半量を加える。手早く混ぜる。

8

同様に残りの粉類と卵液を順に加え、そのつど混ぜ合わせる。卵液が全量入ったら、全体がなじむように混ぜる。

9

オーブンを160℃に予熱する。1の水気をざるで切り、くるみと共に生地に加える。ゴムべらですくい上げながら混ぜる。

step 2 　焼く

オーブン 160℃　焼き時間 20分

絞り袋に生地を入れ、絞り口が2cm
程度（ドライフルーツが出る太さ）
になるように切り落とす。型をスケ
ールにのせ、1個につき35gずつ生
地を絞り入れる。サイズが違う型を
使う場合は、型の半分の高さが目安
となる。スプーンで軽く表面をなら
す。160℃のオーブンで20分焼く。

シロップを作る。グラニュー糖に水
を加え、電子レンジにかけて沸騰さ
せる。ブランデーを加える。

point
焼き上がり直前にシロップを作る

パウンドケーキが焼きたてのうちに
熱いシロップをしみ込ませるため、
タイミングを合わせる。

焼けたら型に入れたまま、熱いシロ
ップを上面にはけで塗り、全体にし
み込ませる。型から出さずに常温で
冷ます。粗熱がとれたら冷蔵庫で冷
やし、型から取り出す。

point
シロップはたっぷりと

パウンドケーキのしっとりとした食
感は、シロップをじゅうぶんに含ま
せることで生まれる。ケーキ、シロ
ップ共に熱い状態で、はけでたたく
ように塗ることで、中心までしみ込
む。

パウンドメープル

オーブン 160℃　焼き時間 20分

卵を割りほぐし、グラニュー糖とメ
ープルシュガーを加える。泡立て器
でよく混ぜて砂糖を溶かす。

パウンドクラシックの3～8と同様
に生地を作り、最後にライムの皮を
加える。10と同様に焼く。11と同
様に水、メープルシュガー、ウイス
キーでシロップを作り、12と同様
に仕上げる。

Dacquoise à la ganache montée pistache

ピスタチオのダクワーズ

きれいなグリーンのカラーをまとった、
ひと口サイズのかわいいダクワーズサンド。
生地にもクリームにも、こっくり濃厚なピスタチオをたっぷりと入れました。
ダクワーズはさっくりと歯切れがよく、クリームはとろりと舌にからみつく。
ピスタチオを味わいつくす一品です。

材料（7個分）

卵白 … 2個分（45g）
グラニュー糖 … 10g
アーモンドパウダー … 23g
粉糖 … 26g
薄力粉 … 4g
ピスタチオペースト … 5g
ピスタチオ … 5g
粉糖（仕上げ用）… 適量
［ピスタチオクリーム］
ホワイトチョコレート … 125g
生クリーム（乳脂肪分35%）… 60g
ピスタチオペースト … 16g

準備

・卵白にグラニュー糖を入れて混ぜ溶かし、冷蔵庫で
　冷やす。

・アーモンドパウダー、粉糖、薄力粉を合わせてふる
　い、混ぜ合わせる。

・ピスタチオは160℃のオーブンで5分焼き、細かく
　刻む。

・天板にオーブンシートを敷き、直径4.5cmの丸型に
　小麦粉（分量外）を付けてあとを14個つけておく。

memo

● ピスタチオクリームを絞る際の口金は、丸口金でもよい。
　その場合は中心からドーム状に絞る。

保存

冷蔵で3日間保存可能。

ピスタチオの
ダクワーズ

step 1　生地を作る

準備した卵白をハンドミキサーの中速で泡立てる。卵白にグラニュー糖が溶けた状態から立て始め、気泡のつぶれにくいメレンゲを作る。

全体にボリュームが出て、やわらかなツノが立つ固さになったら、ハンドミキサーを高速にしてさらに泡立てる。

point
ピンとツノが立つまで立てる

最初は中速で少しずつボリュームを出し、その後高速でしっかりと固く、密度のあるメレンゲにする。

ふるっておいた粉類を一度に加える。ゴムべらで底からすくい上げながら大きく混ぜる。

メレンゲのかたまりがまだ残っているうちに、ピスタチオペーストに生地をひとすくい入れる。ゴムべらでなじませる。

4をボウルに戻し、ゴムべらですくい上げながら混ぜ合わせる。

全体が混ざる前に、準備したピスタチオを加える。

白いメレンゲが見えなくなるまで手早く混ぜる。

point
泡をつぶさず、短時間で混ぜる

アーモンドパウダーとピスタチオペーストは油脂分を多く含むので、加えたあとはメレンゲの気泡が消えやすくなる。ゴムべらを大きく動かし、回数を少なく混ぜ込む。

step 2　焼く

オーブン 190℃　焼き時間 10分

口径1.5cmの口金を付けた絞り袋に生地を入れる。準備した天板のあとを目安に、直径4.5cmほどに14個絞る。

point

絞り袋を垂直に立てる

円の中心をめがけて、口金を動かさずに絞ると均一なドーム形になる。

オーブンを190℃に予熱する。絞った生地の表面に茶こしで粉糖をふる。数分おいて溶かす。

粉糖が溶けたら、もう一度粉糖をふる。同様にもう1回ふる。表面にシロップ状の膜が作られ、さっくりした食感のもととなる。最後の粉糖が半分くらい溶けたら、190℃のオーブンで10分焼く。

焼けたら常温で冷ます。冷めてから、生地の底にパレットナイフを入れ、オーブンシートから外す。

step 3　ピスタチオクリームを作る

ホワイトチョコレートを湯せん（または電子レンジ）にかけて溶かし、40℃（人肌より少し温かいくらい）にする。生クリームも同様に温め、40℃にする。ホワイトチョコレートに生クリームを加える。

泡立て器でゆっくり混ぜ、ムラのない状態にする。

point

中心から少しずつ混ぜる

周囲のチョコレートを中央の生クリームに少しずつ抱き込ませるように、中央から混ぜていく。

ピスタチオペーストを加えてよく混ぜる。冷蔵室に入れて、絞れる固さまで冷やす。

step 4　仕上げる

焼き上がった生地は、大きさが近いものでペアを作っておく。星口金を付けた絞り袋に冷やしたピスタチオクリームを入れる。生地の底面を上にして手で持ち、1周絞り出す。これを7個作る。

point

中心から「の」の字を描く

美しい絞りのコツは、握りの強さと生地からの高さを一定に保つこと。脇をしめて、体がぶれないように行う。

クリームの上にもう片方の生地を重ね、軽く押さえて密着させる。クリームがゆるい場合は、冷蔵庫で冷やす。

Galettes sablées bretonnes

ガレットブルトンヌ

ざくざくと軽い食感の中に、バターの香りと塩のうまみ。
味の輪郭がはっきりしていて、余韻を長く楽しめるクッキーです。
伝統的には表面に線の模様をつけるのですが、このレシピでは潔く焼きっぱなしに。
あえてシンプルで素っ気ない見た目にして、力強く滋味深い味わいを強調しました。
素材の味がストレートに表れるお菓子です。
できれば塩はミネラル豊富な自然塩を、バターは発酵バターを使って作ってください。

材料（9個分）

発酵バター（食塩不使用）… 200g
粉糖 … 120g
塩 … 6g
アーモンドパウダー … 30g
卵黄 … 45g（2個分）
強力粉 … 145g
ベーキングパウダー … 2g

準備

・バター、卵黄を常温に戻す。
・30×25cmに切ったオーブンシートを2枚用意する。
・天板の底面に合わせてオーブンシートを切り、敷く。

型について

セルクル型（底なしの丸型）

直径6cmと7cmを使用。

memo

● 生地を直径18cmくらいの丸型で抜き、20cmの型に入れて
　大きく焼くこともできる。その場合は焼き時間を数分長く
　する。
● レシピの塩は海塩を使った分量。精製塩を使用する場合は
　3gに減らす。

保存

乾燥剤を入れて密封し、常温で5日間保存可能。
焼く前の生地は冷凍で1週間保存可能。冷蔵室で解凍
して使う。

ガレットブルトンヌ

step 1 生地を作る

ボウルにバターを入れる。ゴムべらでバターをボウルに押しつけながら練り混ぜて、やわらかくする。

2

粉糖と塩をふり入れる。残った粉糖のかたまりは指でつぶして加える。

3

ゴムべらで底からバターをすくい、ボウルに押しつけるようにして混ぜ合わせる。

4

底からすくい上げながら、粉糖が見えなくなるまで手早く混ぜる。

point
空気を入れずに混ぜていく

密度があり、気泡のない生地にするために、ゴムべらを使って押すように混ぜ合わせる。ここで生地に空気が入るとふくらみすぎたり、内部に穴の開いた焼き上がりになる。

5

アーモンドパウダーをふるい入れる。

6

ゴムべらですくい上げ、全体がなじむように混ぜる。

7

ほぐした卵黄を一度に加える。

8

ゴムべらですくい上げながら混ぜ、なめらかで均一な状態にする。必要以上に混ぜすぎないこと。

9

強力粉とベーキングパウダーを合わせて、まんべんなくふるい入れる。

10

ゴムべらで底からすくい上げながら、押しつけるようにして混ぜる。

11

粉気がなくなったら混ぜ終わり。

point

ざっくり、手早く混ぜる

小麦粉が入ってから生地を混ぜすぎ
ると食感が固くなる。バターも溶け
てくるので、粉気がなくなってから
は混ぜないこと。

12

準備したオーブンシートに生地をお
く。その上に同サイズのオーブンシ
ートをかぶせる。

13

麺棒を中心におき、上下に動かして
伸ばす。約20×20cm、厚さ1.2cm
の正方形に近い形にする。冷蔵室に
入れ、冷やし固める。

point

高さのある生地にする

ガレットブルトンヌの特徴である厚
焼きに仕上げるために、抜く前の生
地も厚く伸ばす。

step 2　焼く

オーブン 130℃ 60分

14

オーブンを130℃に予熱する。冷や
した生地を台に出し、直径6cmの丸
型で抜く。準備した天板に並べる。
生地がやわらかくなりやすいため、
手早く作業する。

15

直径7cmの丸型の内側にサラダ油
（材料外）を塗り、型の中央に生地
がくるようにおく。

point

ひとまわり大きい型で焼く

型で支えて、形と高さを保持しなが
ら焼く。バターが多い生地なので、
型がないと流れて薄くなってしまう。

16

130℃のオーブンで60分焼く。低
温で長時間、中心までしっかり焼く
ことで、ざくざくとした食感と独特
の香ばしさが生まれる。焼けたらす
ぐに型を外し、網に出して粗熱をと
る。熱いのでミトンや軍手をして行
うとよい。

Quatrième
Chapitre

第 4 章

贈りたいチョコレートスイーツ

バレンタインや記念日のとっておきのスイーツといえば、やっぱりチョコレート。
温度管理や混ぜ方にコツが必要ですが、豊かな香りや心地よい苦味など、
チョコレートのスイーツには、あらがえない魅力があります。
贈りものにもぴったりな、シックで華やかなお菓子を紹介します。

Gâteau au chocolat classique

クラシックショコラ

シンプルにチョコレートを味わう一品。「ガトーショコラ」とも呼ばれます。
湯せんでじっくりと焼き上げて、上面はカリッと、中はとろとろ。
繊細な口溶けの中に、チョコレートの強い風味がぎっしり詰まっています。
まだすこし温かいうちに食べると、理想の食感と味に出会えます。

材料（直径15cmの丸型1台分）

ダークチョコレート（カカオ分55%）… 125g
バター（食塩不使用）… 125g
卵黄… 3個分（50g）
グラニュー糖 … 50g
薄力粉 … 20g
　［メレンゲ用］
卵白 … 3個分（100g）
グラニュー糖 … 50g

準備

・型の底面と側面に合わせてオーブンシートを切る。
　側面は型から1cmほどはみ出す高さにする。型に
　敷き込む。
・薄力粉をふるう。
・湯せんの準備をする。フライパンに水を入れて沸騰
　直前まで温める。

memo

● 食べるときの温度で味わいと香りの広がり方が変わる。冷
　蔵室から出したてはやや固いので、食べる前にしばらく常
　温におくか、電子レンジで数秒温めてチョコレートをやわ
　らかくするのがおすすめ。

保存

冷蔵で3日間保存可能。

クラシックショコラ

step 1 生地を作る

ボウルにチョコレートとバターを入れ、湯せんにかけて溶かす。

ボウルに卵黄を入れてほぐす。グラニュー糖を加え、すぐに泡立て器ですり混ぜる。

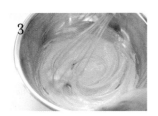

空気を含み、全体が白っぽくなるまで混ぜる。

溶かしたチョコレートとバターを一度に加える。

泡立て器を中心に入れ、静かに混ぜる。卵黄をチョコレートとバターの中に少しずつ抱き込ませ、なじませていく。

point
**油脂分と水分を
しっかりと混ぜ合わせる**

チョコレートとバターに含まれる油脂分と卵の水分が分離しないようにする。一度に混ぜず、中心に混ざった部分ができたら周囲を取り込みながら混ぜる。

しっかり混ざると全体にツヤが出てくる。

ふるった薄力粉を一度に加え、泡立て器で中心から混ぜていく。

ダマがないようにムラなく混ぜる。粉気がなくなったら混ぜ終わり。冷めないようにしておく。

point
チョコレート生地を温かく保つ

チョコレート生地が冷めて固くなると、メレンゲとうまく混ざり合わない。寒い時期は暖かい場所においておくか、ぬるめの湯で湯せんをする。

オーブンを150℃に予熱する。メレンゲを作る。卵白にグラニュー糖をすべて加え、ハンドミキサーの中速で泡立てる。

ボリュームが出てきたら固さを確認する。持ち上げたときにやわらかなツノが立ち、ゆっくり倒れるくらいの固さまで立てる。

point

やわらかいツノが立つメレンゲにする

メレンゲを固く立てると、焼いている間にふくらみすぎて表面の割れの原因となる。何度か確認しながら、写真の状態まで泡立てる。

チョコレート生地にメレンゲを加える。一度に加えることで、キメの細かい生地になる。

泡をつぶさないように混ぜる。泡立て器で下からすくい上げ、ボウルを手前に回して混ぜ込み、メレンゲのかたまりをなくす。

白い部分が見えなくなったらゴムべらに持ちかえて、底からすくい上げながらゆっくりと混ぜる。

point

密度の高い生地にする

ゴムべらで混ぜながら大きい気泡をなくし、細かな気泡だけが入った生地にすることで、しっとりとした焼き上がりになる。

すくうととろりと流れ落ちる状態まで混ぜる。

step 2　焼く

オーブン 150℃　焼き時間 40分

準備した型に生地を流し入れる。やや高い位置から流すと大きな気泡が消えやすい。

ボウルに残った気泡の少ない生地も集めて型に入れる。ゴムべらを細かく動かして周りの生地となじませる。

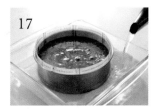

耐熱容器にふきん（またはペーパータオル）を敷き、型をおく。40℃の湯を型の高さの6割まで注ぐ。150℃で40分焼く。

焼けたら、湯せんのまま粗熱をとる。取り出す際は側面のオーブンシートを抜き、上面が傷つかないように注意しながらひっくり返し、底面のオーブンシートを外して皿にのせる。

Truffes au chocolat

トリュフカフェ、
トリュフルビー

ひと口サイズのトリュフチョコレートは、贈りものに最適なお菓子。
コーヒーとラズベリー、2つの風味をセットにしてもよろこばれます。
チョコレートのお菓子の出来映えを決めるのは、やはり口溶け。
とろけるようなおいしさを左右するのは、作業中の温度管理です。
贈る相手のことを思い浮かべながら、丁寧に作ってください。

〈 トリュフカフェ 〉
材料（11個分）
ミルクチョコレート … 120g
生クリーム（乳脂肪分47%）… 80g
コーヒー豆 … 6g
［仕上げ用］
ミルクチョコレート … 適量
ココアパウダー … 適量

〈 トリュフルビー 〉
材料（11個分）
ルビーチョコレート … 120g
生クリーム（乳脂肪分47%）… 50g
ラズベリーパウダー … 10g
［仕上げ用］
ルビーチョコレート … 適量
ラズベリーパウダー … 50g
粉糖 … 50g

準備
〈 トリュフカフェ 〉
・コーヒー豆をミルで細かく挽く。
〈 トリュフルビー 〉
・仕上げ用のラズベリーパウダーと粉糖を合わせてふ
　るい、混ぜ合わせる。

トリュフカフェはまろやかなミルクチョコレート、トリュフルビーはフルーティなルビーチョコレートを使用。ルビーチョコレートは「ルビーカカオ豆」を原料とし、自然由来のピンク色をもつ。

memo
● トリュフカフェのコーヒー豆は、細挽きの粉タイプを使用してもよい。

保存
冷蔵で3日間保存可能。

トリュフカフェ

step 1　生チョコを作る

1

耐熱ボウルに生クリームを入れ、電子レンジで加熱する。沸騰寸前で取り出し、挽いたコーヒー豆を混ぜる。

2

ラップをかけ、3分おいてコーヒーの香りを移す。

3

ボウルにこし入れて、60gを量る。冷めないようにしておく。

4

チョコレートを湯せん（または電子レンジ）にかけて溶かし、40℃（人肌より少し温かいくらい）にする。3のクリームも温度を調整して40℃にする。

point
素材の温度を揃える

チョコレートと生クリームがしっかりと混ざり合った生チョコを作るために、素材の温度差をなくす。作業をしやすい40℃で混ぜて、丸める前にほどよく冷やすとよい。

5

チョコレートのボウルにコーヒークリームを加える。中心に泡立て器を入れ、静かに混ぜる。

point
一度に全体を混ぜない

生クリームの水分とチョコレートの油脂分をしっかりとつなぐことで、なめらかな口溶けになる。一気に全体を混ぜると分離しやすいので、中心から少しずつ取り込み、混ぜ合わせる。

6

全体にツヤが出て、もったりした状態まで混ぜる。

7

バットに流し入れる。ラップを密着させて、冷蔵室に30分ほど入れて温度を下げる。

8

軽く指で押してあとが残るくらいの固さになったら、冷蔵室から出す。口径1.5cmの丸口金を付けた絞り袋に入れる。

point
生チョコを固めすぎない

冷蔵室に長時間入れると、完全に固くなってしまう。絞れる固さまで冷やしたいので、こまめに確認する。

9

ラップを敷いたバットをスケールにのせ、1個につき約15gずつ絞る。冷蔵室に入れて冷やし固める。

冷えた生チョコを手のひらで転がして、丸く形を整える。再度バットに並べ、冷蔵室で冷やし固める。

step 2　仕上げる

飾り用のチョコレートを溶かす。バットにココアパウダーを入れる。

溶かしたチョコレートを手のひらに塗る。その上で生チョコを転がしてチョコレートを付ける。

point
薄く、まんべんなくチョコを付ける

ひとつずつ手にのせて付けることで、ごく薄いチョコレートの膜をまとわせる。生チョコはやわらかくて溶けやすいため、短時間で作業する。

チョコレートを付けたらすぐにココアパウダーのバットに入れ、スプーンで転がしてまぶす。余分なパウダーをはらう。

トリュフルビー

耐熱ボウルに生クリームを入れ、電子レンジで沸騰寸前まで加熱する。トリュフカフェの4〜6と同様に生クリームとルビーチョコレートを混ぜ合わせて生チョコを作る。

ラズベリーパウダーを加える。ダマにならないように泡立て器で混ぜる。

トリュフカフェの7〜8と同様に冷蔵室に入れて、絞れる程度の固さにする。

トリュフカフェの9〜13と同様に生チョコを分割して丸め、溶かしたルビーチョコレートを塗る。準備したラズベリーパウダーと粉糖をバットに入れる。生チョコを入れてスプーンで転がしてまぶし、余分なパウダーをはらう。

Terrine au chocolat

テリーヌショコラ

口の中でやさしく溶ける、感動のなめらかさ。
チョコレートの濃厚さが広がるのに、甘すぎなくてキレがよい。
小麦粉が入らない配合なので、焼き菓子よりも生っぽい食感を味わえます。
しなやかでねっとりした舌ざわりは、チョコレートのプリンのよう。
おうちで作るスイーツのイメージを超えた、上質なものが完成します。

材料（19×8×高さ6.5cmのパウンド型1台分）
ダークチョコレート（カカオ分70%）… 175g
バター（食塩不使用）… 75g
卵 … 2 1/2個分（125g）
グラニュー糖 … 35g
塩 … ひとつまみ
生クリーム（乳脂肪分35%）… 90g

準備
・オーブンシートを30×19cmに切り、型に合わせて折り目をつける。小さい側面の折り目に切り込みを入れ、型に敷き入れる。

・湯せんの準備をする。フライパンに水を入れて沸騰直前まで温める。

memo
●テリーヌとは、元はフランス料理で使う長方形のふた付き陶器を意味する言葉。この器を型にして作る料理やお菓子がテリーヌと呼ばれるようになった。

保存
冷蔵で3〜4日保存可能。

テリーヌショコラ

step 1 生地を作る

ボウルにチョコレートとバターを入れ、湯せんにかけて溶かす。

溶けたらゴムべらで混ぜ合わせる。湯せんにかけて約45℃（お風呂よりも熱いくらい）を保つ。

卵を割りほぐし、こしてから計量する。ボウルに入れる。

卵にグラニュー糖と塩を加え、泡立て器で混ぜる。

生クリームを加え、泡立て器でよく混ぜ合わせる。

卵液を湯せんにかけ、混ぜながら40℃（人肌より少し温かいくらい）まで温める。

point
卵液を温める

チョコレートと合わせる際に生地が固まらないように、卵液の温度を上げておく。ここでグラニュー糖と塩の溶け残りがないようにする。

卵液を湯せんから外し、2を加える。

point
温かいチョコレートを加える

チョコレートと卵液に温度差があると、生地が固まってきて混ざり合わない。チョコレートの温度も確認し、どちらの生地も温かい状態で混ぜる。

泡立て器を中心に入れ、静かに混ぜる。卵液をチョコレートとバターの中に少しずつ抱き込ませ、なじませていく。

全体にツヤが出て、なめらかな状態になるまで混ぜる。

オーブンを100℃に予熱する。全体が混ざったら、ハンドブレンダーで1分ほど混ぜる。

point
なめらかな口溶けを作り出す

ハンドブレンダーで油分と水分を完全につなげることで、さらに口溶けがよくなる。生地がもったりした状態から、さらさらとした液状に変わったらOK。ハンドブレンダーのかわりにフードプロセッサーで撹拌してもよい。

ボウルの底をトントンとたたき、大きな気泡を抜く。

step 2 焼く
オーブン 100℃　焼き時間 40分

準備した型に流し入れる。高い位置から注ぐと余分な空気が抜けやすい。型底を台に数回打ち付けて、気泡を抜く。

耐熱容器にふきん（またはペーパータオル）を敷き、型をおく。40℃の湯を型の半分の高さまで注ぐ。

100℃で40分（オーブンの最低温度が110℃の場合は110℃で35分）焼く。焼けたら湯せんのまま常温まで冷まし、冷蔵室でしっかりと冷やす。

point
低温でじっくりと焼く

卵を高温で加熱するとふくらんだり、固くなったりする。卵に火が通るギリギリの温度で焼くことで、密度が高く舌ざわりのよい仕上がりになる。

取り出す際は、型を湯せんに数秒あてて、オーブンシートを持ち上げる。底面を上にして皿におき、オーブンシートを外す。

お菓子作りに困ったら

お菓子を作る上でよく寄せられる質問をまとめました。
作りながら「なぜ?」と思ったときや、オリジナルのアレンジをしたいとき、
目を通して役立ててもらえたらうれしいです。

Q レシピに記載されている<u>型</u>とは違うサイズで作りたい場合は?

A 直径15cmから18cmに変更するなら、材料を1.5倍にしてください。21cmなら
2.25倍、12cmなら0.67倍です。
焼き時間は、生地の種類にもよります。1回目でふくらみ具合と焼き色をよく
確認し、2回目以降で微調整すればよいと思います。

Q パウンド型で作るお菓子を丸型で焼くことはできますか? 焼き時間は変わりますか?

A 生地が焼ける工程を覚えて、どういう状態になれば焼き上がりなのかを理解すれば、どんな型に変更して
も対応できます。丸型はパウンド型と比べると、生地の中心までの距離が長くなり、火が通るのに時
間がかかります。焼き上がりまで生地をよく観察して、オーブンから取り出してください。
オーブンの中で、生地は時間の経過と共に変化します。
①周囲からふくらみ始める。
②周囲が限界までふくらんだら、遅れて中心部分がふくらむ。
③中心が最大限ふくらみ、張りのあるドーム状になる(高さは生地によって変わる)。
④ふくらんだ生地が全体的に少しずつ縮み始める。
⑤型と生地の間にほんの少しすき間ができれば、ほぼ焼けている。竹串などを中心に刺して生地がつい
　てこなければOK。
この流れを理解すれば、どんな生地、どんな型でも、ある程度焼き上がりのタイミングがつかめるよう
になります。

Q レシピの砂糖の量を減らして作ることはできますか? 同じ仕上がりになりますか?

A 砂糖を減らすと、同じ仕上がりにはなりません。砂糖には保水性があるので、
生地中に水分を留めてくれます。ですから、砂糖を減らせば甘みが薄くなるだ
けではなく、お菓子が固くなったり、ふくらみが弱くなったりします。
大まかに言うとお菓子は、油脂、砂糖、卵、粉のバランスで成り立っています。
どの材料も、意味があってその量を加えています。どれかが減ると相対的に他
のものの比率が上がり、その特徴が表れます。

Q オーブンの温度が低いのか、なかなか焼き色が付きません。温度と時間、どちらを調節すべき？

A 焼き時間は変えず、温度を上げていく方が、理想の仕上がりに近づきます。
レシピの温度に設定しても、オーブンの機種の違いによって同じようには焼けません。特に家庭用オーブンの場合、業務用と違って密閉性が低く、扉を閉めた状態でも熱が逃げやすい構造になっているので、温度が低くなりがちです。お使いのオーブンで焼き色が付かない場合は、予熱時からレシピの温度よりも20℃上げて様子を見てください。

また、焼いている最中にオーブンの扉を開けると、すぐに庫内温度が10℃以上低くなってしまいます。これが焼けない原因となることも多いです。途中で確認したい気持ちはわかりますが、できるだけ開けないようにしましょう。

Q ケーキを美しくカットする方法を教えてください。

A 大切なのは、ナイフを温めることと、ついた生地やクリームをそのつど拭くことです。

①なるべく刃渡りの長いナイフを用意する。筒状の容器に湯を入れ、ナイフを浸けて温める。流し台でナイフに湯をかけてもOK。

②ケーキの向こう側から滑らせるようにナイフを入れる。

③刃先がまな板にあたったら手前にしゅーっと引き抜く。ナイフを上から押したり往復させたりするのは厳禁。

④ナイフについたクリームを拭きとり、半分になったケーキの底に入れてずらす。

⑤ナイフを拭き、再度湯に浸けて温める。

⑥1ピース分ずつ切る。このときもナイフを滑らせるのが大切。

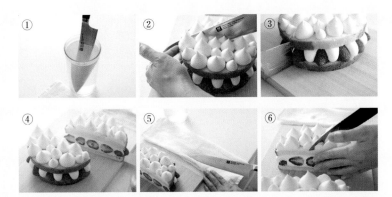

Q タルトの生地を型に入れて焼いたら、
焼き縮みができてしまいました。原因は何ですか？

A
タルトの生地を焼くと多少は縮みますが、それがひどいなら生地の練りすぎではないでしょうか。グルテンが形成されて、焼き縮みの原因になります。生地を伸ばすときにも生地は混ざって練られていきます。ですので、あとで伸ばすこともふまえて、少し粉が残っている状態で混ぜるのを止めるのです。

また、手の熱で生地内のバターが溶けてしまい、縮むこともあります。できるだけ生地を触る回数を減らし、氷水に手を浸けて冷やしてから作業をしてもよいです。

タルトは焼き上がり後にも縮みます。生地の粗熱がとれるまで、重石を入れたまま冷ました方が縮みは少なくなります。

Q 料理のように、分量や作り方を見ないでも、
おいしいお菓子を作れるようになりますか？

A
パティシエはたくさんあるレシピを分量まで覚えますが、計量は毎回必ずしています。分量を見ない場合、とてもざっくりしたお菓子ならば作れますが、見た目のキレイな繊細なものはできないと思います。ご家庭で作るときは、例えば小麦粉100gとレシピにあったら1gや2g違ったとしても形にはなります。少しずれてもよいので、計量は必ずしてください。

作り方に関しては、最初はきっちりとレシピを見て、何度か繰り返すうちに覚えてしまうのが理想です。

Q 同じ配合で、小麦粉や砂糖の種類を変えるとどうなりますか？
例えば強力粉の入るクッキー生地を薄力粉のみで作る、
粉糖を入れる生地をグラニュー糖で作る、は可能ですか？

A
お菓子の材料をおき換えると、味や特性の差がそのまま仕上がりの違いになります。強力粉を薄力粉に換えると、弾力の弱い少しソフトなものになります。

粉糖とグラニュー糖の成分はほとんど同じですが、水分の少ない生地にグラニュー糖を入れると結晶が溶けずにガリガリとした食感が残り、生地内に溶けているはずの砂糖が少なくなるので生地は固くなります。

おいしく、衛生的に保存

お菓子は、作り終えたらおしまいではありません。
鮮度とフォルムを保ったまま大切な方に届けて、おいしく食べてもらうのがゴール。
衛生面に気を配りながら作り、おいしさをキープする方法をお伝えします。

素手で触らない

プレゼントする予定のお菓子は、仕上げからラッピングまで素手で触らずに、調理用の使い捨て手袋を使用すると安心です。プロの厨房では、一日中調理用手袋をつけて、直接食材に手を触れないようにするところも多いです。

焼き菓子は高温で焼いている間に殺菌されているから安心と思いがち。ですが、包装をする際に素手で触れると雑菌が付着する可能性があります。数日後にも衛生的に食べてもらえるように、細心の注意を払いましょう。

絞り袋は使いきりに

絞り袋にはビニールの使い切りと布製等の洗えるタイプの2種があります。シュー生地など、焼く前の生地を絞る場合は布製でもよいのですが、仕上げの生クリームを絞るには、新品のビニール製を使いましょう。衛生面はもちろんのこと、布製の絞り袋にはにおいがつきやすいので移り香の防止にもなります。クリームを入れる際には、絞り袋の内側に手が触れないようにすることが大切です。

触れるものはアルコール消毒

コロナ禍で一般的になったアルコールスプレーですが、30年近く前に僕が修業を始めた頃から厨房では頻繁に使っていました。

炊き上がったカスタードクリームを入れるバットやフルーツを切る前のまな板、口金など、これ以上加熱しない食材が触れる道具は、使う前にアルコールを吹き付けて消毒しておきましょう。

焼き菓子には乾燥剤を

フィナンシェやクッキーを贈りものにする際に、小袋に入れることが多いと思います。このときにシリカゲルなどの乾燥剤を同封すると、湿気りにくく、おいしさを保持できます。小袋に入れる前に完全に冷ましておくことも、湿気対策と衛生面の両面から大切です。乾燥剤は100円ショップでも販売されています。ご家庭でクッキーを保存するときにも乾燥剤を入れておくと、サクッとした食感が長持ちします。

賞味期限を伝える

本書ではレシピ中に保存期間の目安を書いていますが、食べものがいたみやすい梅雨や夏の時期には、より早めに食べきる方がいいです。手作りのお菓子をプレゼントする場合は、保存方法と日持ちを伝えて、おいしい間に食べてもらうようにしましょう。

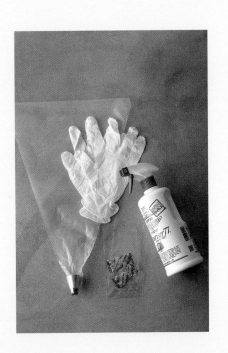

石川マサヨシ
Ishikawa Masayoshi

大阪生まれ。辻製菓専門学校卒業後、大阪のホテルニューオータニで修業。西日本洋菓子コンテスト最優秀賞受賞。フレンチレストラン、カフェ、製菓学校講師等の仕事を経て、マカロン専門店「グラモウディーズ」シェフパティシエを5年半務める。2019年よりフリーランスのパティシエとして活動を開始。企業の商品開発、企画戦略を手がける一方、動画でお菓子作りを教えるYouTubeチャンネル「パティシエ 石川マサヨシ」を運営。登録者数は18万人を超える。2022年11月にオンラインのパティスリー「masayoshi ishikawa」開店。看板商品の「スーパーミルキーチーズケーキ」が好評を博している。

https://www.youtube.com/c/IshMas/
https://shop.masayoshiishikawa.com/

お店のような味が出せる

失敗なしのとびきりおいしいお菓子

2023年1月19日　初版発行

著者　　石川マサヨシ

発行者　山下直久
発行　　株式会社KADOKAWA
　　　　〒102-8177
　　　　東京都千代田区富士見2-13-3
電話　　0570-002-301（ナビダイヤル）

印刷所　凸版印刷株式会社

● お問い合わせ
https://www.kadokawa.co.jp/ （「お問い合わせ」へお進みください）
※内容によっては、お答えできない場合があります。
※サポートは日本国内のみとさせていただきます。
※Japanese text only

定価はカバーに表示してあります。